高校智慧图书馆服务创新发展研究

明 海 著

吉林出版集团股份有限公司

图书在版编目（CIP）数据

高校智慧图书馆服务创新发展研究/明海著. — 长春：吉林出版集团股份有限公司，2023.10
 ISBN 978-7-5731-4421-8

Ⅰ.①高… Ⅱ.①明… Ⅲ.①院校图书馆—图书馆服务—研究 Ⅳ.①G258.6

中国国家版本馆CIP数据核字（2023）第207664号

高校智慧图书馆服务创新发展研究
GAOXIAO ZHIHUI TUSHUGUAN FUWU CHUANGXIN FAZHAN YANJIU

著　　者	明　海
责任编辑	齐　琳
封面设计	林　吉
开　　本	787mm×1092mm　1/16
字　　数	210千
印　　张	14
版　　次	2023年10月第1版
印　　次	2024年1月第1次印刷

出版发行　吉林出版集团股份有限公司

电　　话　总编办：010-63109269
　　　　　发行部：010-63109269

印　　刷　廊坊市广阳区九洲印刷厂

ISBN 978-7-5731-4421-8　　　　　　　　　　　定价：78.00元

版权所有　侵权必究

前　言

　　智慧图书馆，作为信息时代教育的一个重要组成部分，扮演着高校教育体系中的重要角色。它不仅是知识的仓库，更是学术交流的平台，是学生学术成长的助推器，是教育改革创新的试验田。高校智慧图书馆服务创新发展研究，是对这一领域深入探讨的专著，旨在为高校图书馆界的从业者、教育者以及对智慧图书馆服务感兴趣的各界人士提供一份有关智慧图书馆服务创新的全面指南。

　　随着信息技术的迅猛发展，高校图书馆已经不再仅仅是提供纸质书籍的场所，它们变得更加智能化、数字化和多元化。智慧图书馆服务已经成为高校教育中不可或缺的一部分，为学生和教职员工提供了更便捷、更多样化的资源和服务。本书旨在深入研究智慧图书馆服务的创新发展，探讨其对高校教育的影响，以及如何应对不断变化的需求和技术挑战。

　　在这本专著中，我们将探讨智慧图书馆服务的多个方面，帮助读者深入了解如何将创新技术和方法应用于高校图书馆服务中，提升服务质量，满足用户需求。

　　本书的目标是激发读者的思考，启发他们在自己的工作中探索智慧图书馆服务的创新可能性。我们鼓励高校图书馆从业者积极采用新技术，不断改进服务，以更好地满足用户的需求。教育者和政策制定者也可以从本书中获得有关如何支持和促进智慧图书馆服务创新的启示。

明　海

2023 年 2 月

目 录

第一章 高校智慧图书馆概述 1
第一节 5G 时代高校智慧图书馆变革 1
第二节 高校智慧图书馆建设构想分析 8
第三节 高校智慧图书馆信息资源体系构建 13
第四节 人工智能驱动下高校智慧图书馆建设 20
第五节 新时代高校智慧图书馆人力资源建设 28
第六节 泛在知识环境下高校智慧图书馆发展 33
第七节 基于高校智慧图书馆读者交互式服务 37

第二章 智慧图书馆服务的理论研究 44
第一节 高校图书馆智慧服务初探 44
第二节 高校智慧图书馆个性化服务 47
第三节 高校图书馆智慧信息服务 53
第四节 高校智慧图书馆读者服务的构建 56
第五节 高校图书馆智慧服务的优化 61
第六节 民办高校智慧图书馆服务 64

第三章 智慧图书馆服务方式 69
第一节 大数据时代高校智慧图书馆服务 69
第二节 "双一流"背景下高校智慧图书馆服务 73
第三节 "互联网+"背景下智慧图书馆服务 79
第四节 高校智慧图书馆服务模式的构建 84

第五节　四维度模型的高校智慧图书馆服务 …………………… 87

　　第六节　以师生为中心的高校智慧图书馆服务 …………………… 96

　　第七节　教育现代化背景下高校图书馆智慧服务 ………………… 99

　　第八节　基于学科服务的高校智慧图书馆创建 …………………… 105

第四章　智慧图书馆服务创新 ………………………………………… 109

　　第一节　高校智慧图书馆体系下读者服务模式 …………………… 109

　　第二节　智慧时代高校图书馆信息检索服务转型 ………………… 113

　　第三节　基于媒体融合的图书馆智慧服务体系 …………………… 122

　　第四节　高校图书馆空间再造与智慧服务融合 …………………… 129

　　第五节　新媒体背景下高校图书馆智慧服务管理 ………………… 136

　　第六节　网络环境下图书馆智慧服务建设走向 …………………… 142

　　第七节　智慧服务环境下图书馆读者隐私保护 …………………… 148

　　第八节　创新教育背景下的高校图书馆智慧服务 ………………… 161

第五章　智慧图书馆服务的实践应用 ………………………………… 165

　　第一节　智能设备在图书馆中的应用及服务策略 ………………… 165

　　第二节　基于手机 APP 的图书馆智慧服务建构 ………………… 171

　　第三节　智慧转型期图书馆馆员素质提升策略 …………………… 176

　　第四节　智慧校园下的图书馆学科馆员学科服务 ………………… 180

　　第五节　应用型大学战略选择与图书馆转型发展 ………………… 185

　　第六节　基于区块链技术构建智慧阅读平台 ……………………… 190

　　第七节　高校图书馆智能机器人的应用路径探究 ………………… 200

　　第八节　基于"万物智能"的智慧服务融合研究 ………………… 209

参考文献 ………………………………………………………………… 215

第一章　高校智慧图书馆概述

第一节　5G时代高校智慧图书馆变革

通过对5G关键技术的分析，结合其网络特点，探索部署高校图书馆相关应用场景。构建5G时代的高校智慧图书馆，探索5G时代高校图书馆的服务模式，有望优化高校图书馆的资源配置，提升高校图书馆资源利用率，加快高校人才建设的步伐。

一、5G时代带来全新社会经济变革

5G的出现。5G，又称为第五代通信网络，是继目前的第四代通信网络（4G）之后的最新代网络标准。2013年5月13日，韩国三星电子宣布开发出首个基于5G核心技术的移动传输网络，该公司使用64个天线单元的自适应阵列传输技术，在28GHz的超高频段上，以每秒1GB的速度（约为8Gbps，8倍于4G的网络速度）在2km范围内实现了数据传输，其后，加拿大、德国、瑞典、美国、中国等国家相继展开了5G网络实际应用的研究。2018年6月14日，国际电信标准组织3GPP（3rd Generation Partnership-Project，第三代合作伙伴计划）全会批准了5G NR（new radio，新空口-意为承载信息发送的新规范）独立组网冻结，再加上之前2017年12月21日3GPP第78次全体会议通过的全球首个可商用部署的5G NR标准，标志着5G商用组网已进入实践部署阶段，

全球通信市场迎来巨大的变革，2019年，中国正式推出了5G商用服务，万物互联的5G时代已到来。

5G时代重塑通信体验。其速度可达到4G网速的十多倍，最通俗的例子就是1秒钟下载一部高清电影，1分钟不到即可下载一部4K画质的超大规格的视频文件。5G关键技术中，MMIMO（Mas-sive Mutiple-Input Mutiple-Output，大规模多入多出技术）以及国际最先进的信道编码LDPC（Low Den-sity Parity check，低密度奇偶校验）和频谱共享、超密集异构组网等技术，共同帮助5G建立具有特色的泛在网。这种泛在网一般指两层概念，一是水平范围广的网络。5G时代的一大特色是将部署密集的5G基站，大量的5G基站相互组网，构建一个超大范围的5G覆盖网络，为处于其中的各种设备提供网络支持。二是纵深层次多的网络，5G网络发射信号模式改变，自适应信号天线阵列模式根本上有异于4G时代，传统信号弱的区域例如车库、厕所、地下室等区域的网络信号强度将会得到明显改善。5G泛在网在合理部署下能够覆盖4G时代信号极弱的区域，从而真正地使网络无处不在。有了超高速的网络，又有了独一无二的泛在网，生命体、电子设备、建筑物等都处于这个范围超广的网络下，万物通过5G网络互相连通得以实现，由此引出5G网络万物互联的概念。4G时代，人可以和人相连，人也可以通过移动终端和设备相连，但5G时代的D2D（Device to Device，设备对设备）通信技术，实现了4G时代不能实现的独立条件下设备和设备相互传输数据的功能。在5G组网的背景下，每个用户节点均能接受和发送信号，并具有自动路由的功能，这些设备能够基本脱离基站或者第三方服务器，自发的组成虚拟或实际的群体，成为独特的分散式网络。5G网络另一个重要特性是频谱共享和超高频段（28GHz以上）数据传输数据，不仅能够在超高频段工作，同时也能兼容低频段的传输，再加上其具备网络切片（运营商将物理网络切片，分为多个虚拟网络，每个网络适应不同的服务需求）能力并搭配简洁而优秀的LDPC信道编码,这些特性让5G网络在高速的同时变得更低功耗,更低延时。所以,5G时代能够产生诸如云AR/VR(Augmented Reality,增强现实技术/Virtual Reality,虚拟现实技术)、车联网、智能制造、智能能源、无线医疗、无线家庭娱乐、联网无人机、智慧社交网络、个人AI(Artificial Intelli-gence,人工智能)辅助、智慧城市十大应用场景。当然,这些场景还可以更广泛、更纵深地延展,不可避免地会对图书馆系统产生深远的变革性影响。

二、5G时代图书馆变革

5G时代助力高校图书馆完成智慧化升级。当下,对于智慧图书馆比较普遍的共识是:数字化、网络化、智能化这3种特性将是构建智慧图书馆的基石。而在5G时代,这3种特性将会得到巨大提升。

数字化。在5G时代,超高网速、超低延迟的特性将助力AR/VR/AI技术更加成熟,部署于智慧图书馆的增强现实虚拟投影导航系统指日可待。如在图书馆各楼层要道、书库核心区域可设立虚拟投影人工智能导航员,这种虚拟投影能模仿真人体态面容,与来馆读者进行正常语言交流互动。由于其本身就连接了后台数据库,所以也可当作智能查询机使用,读者可通过与虚拟投影交互,获取感兴趣的馆藏资源或者有关图书馆的即时信息,体现出图书馆智能化数字服务的便捷。另外,虚拟投影可连接监控系统,360度全方位监控图书馆公共区域,在维护图书馆安全方面起到重要作用。当然,这仅是5G时代下图书馆数字化提升的一个方面,此外在电子资源传递或多媒体融合方面也将更有建树,这些都值得图书馆学者去探究。

网络化。高性能的无线网络对于智慧图书馆来说是必不可少的,网络是维持图书馆各项服务的基本要素,如同大脑神经一样起着重要的连接作用。5G

时代，广域的泛在网为图书馆建设全覆盖、高强度的无线网络提供了技术支撑，保证了任何移动设备终端访问图书馆服务网络。由于5G基站部署的密集性，可解决大量用户访问同一网络时造成的卡顿延迟问题，其全新的网络通信道路和编码格式能够承受大容量的网络交互，在保证广域用户访问的同时，还能够提供高速上传下载的良好网络，届时图书馆的网络体验将带给读者全新的感受。另外，在优秀的网络布局背后，管理者可以更加便利地对图书馆的网络资源进行相关监控和调配，防止网络拥堵崩溃或网络资源浪费。

智能化。在构建好图书馆数字化与网络化两大基石后，高校图书馆可以准备完成向智能化升级的转变。

首先，可以从出入馆的人脸识别系统切入。现阶段的高校图书馆，基本采用刷卡出入馆的传统模式，少数高校图书馆已在试点人脸识别入馆系统，如浙江理工大学、上海海事大学、郑州大学等，但试点高校数量稀少，使用过程中也仍有延迟过高或识别差错等问题存在。但进入5G时代，低延时、低功耗、超高速的网络条件将助力人脸识别技术的大幅提升，全国高校图书馆部署智能人脸识别出入馆系统将成为常态化，对比传统刷卡模式，快速响应的人脸识别系统将在增加学生入馆效率、隔绝不明人员、精准记录到馆人员信息、提升用户体验感方面取得重大进步。

其次，可由大数据向读者推荐热门书籍。依托图书馆5G组网背景的极快反应，通过图书馆后台系统分析读者日常借阅或查询记录，当读者的移动终端连入图书馆网络后，可瞬间弹出其可能感兴趣的书籍目录，并在其后标明馆藏地址详细信息。这种智能化推荐充分尊重个体差异，而且可随读者的喜好随时更改，可在一定程度提高图书馆的智能化水平。

最后，智能建筑助力绿色环保。在5G高速网络下，来自网络系统的指令能够飞速传递至各个角落，整个图书馆建筑可利用温感器检测室内外温差，由智慧图书馆实时调控建筑物内的温度，既维持了让人体感觉最舒适的环境，又可避免中央空调下室内过热或过冷造成的资源浪费。此外，智能建筑应具备合理调配能源使用的能力，包括室内光照强度的自动调节以及水压水量的控制等，这些都是值得大家探讨的细节。

5G时代助力高校智慧图书馆工作体量简化。传统高校图书馆作为一个组织机构，会下设多个部门，例如读者服务部、技术部、文献建设部等，各个部室会承担不同的工作职责和工作体量。现行阶段，各部室承担工作体量基本稳定，但在5G时代，图书馆各部室工作量将会明显下降。

降低技术、读者、书库服务强度。在5G时代，智慧局域网络的自配置、自愈合特性将会为图书馆技术人员省去配置智能设备网络参数的工作。精准极速情况下的人脸识别技术能够帮助读者高效率带走馆藏纸质图书，这将简化读者服务台服务人员的工作。同时，现有的RFID（Radio Frequency Identification，无线射频识别）技术将会在5G网络条件下得到硬性加强，图书位置实时定位，自动盘点图书，甚至仍在概念中的大规模图书自动上架系统也有望在5G时代研发成功。这些技术将大大简化书库人员的工作体量。

降低学科服务工作强度。由于5G的超快网络速度，尤其是其独特的CDN（Content Delivery Network，内容分发网络）系统，能够有效缓解同一数据库高峰访问时期的网络拥堵问题，高校图书馆情报工作人员能够更加快速地在国内外数据库中检索需要的文献，为图书情报工作的开展提供便利。

降低综合管理工作强度。智慧图书馆内一切事物将在5G网络下实现互联，其本身也是一个巨大的设备，其中的各项事物就是设备内的数据。学者李歌维在其学术文章中提到"用户也就不必如4G时代下载繁杂的多种终端接口，如

APP、微信小程序等，可直接通过服务云平台来实现数据、信息的流转……"①。在此观点上进行延伸，就意味着5G时代的高校图书馆网络系统将集成化为一个云服务平台，几乎任何连入5G网络的设备都可以连接到这个平台上来接触平台开放出来的基础功能（如馆藏查阅，论文检索等）。当然，其平台核心后台系统具有最高权限，统筹管辖整个图书馆的各项数据，云集成平台和图书馆将会成为一个密不可分的整体，实际上是为图书馆的管理人员提供了最优化的全数据化管理，甚至可以说，通过这种模式，高校图书馆可以完全依靠云集成平台实现24小时的开放。站在这个角度来看，高校图书馆总体工作量的确会将迎来明显下降。

5G时代助力高校智慧图书馆完成全区域互联。云集成平台和智慧图书馆是一个整体，整个图书馆就是一台充斥各种数据的巨大设备，5G时代下的超密集异构网络和网络切片，可以将属性为高校图书馆的设备划拨到一个单独的虚拟网络中。从理论上讲，全国所有高校图书馆都可以作为个体设备连入这个虚拟网络，这样，5G时代下的智慧图书馆全区域互联既成现实。这个图书馆全区域互联系统一旦完成，将会对高校知识共建互享和改善高校发展差异过大的问题产生革命性的意义。

电子资源的共建互享。全国高校属性存在差异化，例如按知识体系分有工科大学、理科大学、医科大学、农林大学、师范大学、综合类大学等，各个主流知识体系不相同的大学在采购电子资源时侧重点完全不同，势必会形成高校图书馆内某些学科电子资源独树一帜的情形。实现全区域互联后，在保证不侵犯资源版权的前提下，高校图书馆可以选择性开放本校学科中的部分免费资源，这些专业性强的资源往往是不同体系大学中所欠缺的，也是其他体系大学

---

① 李歌维.5G时代的图书馆变革与发展策略[J].图书与情报,2018(5)：94-97.

中高校学生难以接触到的新知识（例如工科大学、师范大学学生一般很少了解医学书籍资源）。各高校图书馆将整理好的免费专业资源上传到超云集成平台，经过分门别类后，全国任何一所高校师生可以通过这个超云集成平台查阅感兴趣的电子文献，从而形成全国所有高校的资源共建互享，弥补各高校间的资源差异，对国家培养全能型综合人才起到促进作用，明显降低或减缓各高校间资源差异过大的趋势，根本上也就降低或减缓高校建设发展的差异化。从某种程度来说，电子资源的共建互享还有利于资源采购经费的经济型支配，对于资金来说，理论上应有结余部分，结余经费又可投入到图书馆其他服务工作中去，更利于高校图书馆的特色化发展。

全国高校图书馆管理数据集成化统计。站在全局角度来看，实现全国高校图书馆全区域互联后，在这个超云集成平台上，将容纳海量数据交互，主管者在这个平台上能够提取的数据也具有相当分量的战略意义。例如各高校图书馆的出入馆人次、图书借阅情况、图书阅读趋向、图书馆服务评价等，这些数据都可以拿来进行横向、纵向比较，也可分地域、分层次、分高校规模等进行分析。届时，整个平台又是一个巨大的数据体，且此数据体具有重大研究意义，可扩展到国际上与各高校图书馆数据做对比，从某种意义来说，能够促进我国高校图书馆的进一步发展，这对高校学生来说也有广泛意义，对比的结果将会影响到每一位高校学生，毕竟个体数据组成总体数据，在公开图书馆大数据对比的背景下，高校学生也会更明白区域差距，对鼓励鞭策学生个体自我增值意识方面将起到推动作用，更利于高校和高校图书馆的进步和发展。

高校建设以图书馆为媒介齐头并进。全国高校图书馆实现全区域互联后，其超云集成平台功能不仅仅局限于资源共享和数据采集，更重要的是各高校学生可以通过这个平台实现即时通讯的学术交流，这势必将成为高校建设的一大革命性举措，甚至利用 VR/AR 技术，可以实现不同区域的高校学生、学者的虚拟投影学术会议，和真人面对面交流学术问题几乎无差异。在整个平台的运行过程中，各高校知识文化建设可以相互融合、创新，最终达到共同进步。站在国家人才建设的宏观角度，实现全国高校图书馆的全区域互联势必极大增强国家高等人才的快速培养和进步，向国家的知识体系建设迈出坚定踏实的脚步。

每一次全球通信产业的升级都会带来全新的生活理念，它必将打破传统思维框架。在 3G 时代的我们很难想到 4G 时代能够用移动终端进行视频网络直播，通信产业的更替将极大推动各种新兴行业的诞生，也带来传统行业的消亡。高校智慧图书馆的建设也如同通信产业一样，建设的道路永无止境，更为重要的是，智慧图书馆建设必定会带来整个行业管理模式的新变化。

第二节 高校智慧图书馆建设构想分析

我国高校图书馆经过数十年的建设，已基本完成了从传统图书馆向数字图书馆的转变，信息科学的快速发展，智慧图书馆正逐渐成为图书馆发展的新趋势。因此通过智慧图书馆的概念、特点及建设现状分析，提出如何通过智慧图书馆建设，更好的发挥高校服务功能的构想。

早在 1999 年，物联网的概念就已经被正式提出，并且迅速发展壮大、波及全球，智慧图书馆就是在物联网的环境下产生的。"智慧图书馆"概念的提出和具体实践最早出现在欧美国家的图书馆和博物馆中，尤其是大学图书馆。例如，芬兰奥卢大学图书馆、澳大利亚昆士兰州、加拿大渥太华的一些图书馆和博物馆等。直到 2005 年，我国才逐步开始注意并重视智慧图书馆的研究和实践。经过数十年的发展，我国高校智慧图书馆历已初见成效，如何通过智慧图书馆建设，更好的发挥高校服务功能，逐渐引起广大学者的关注与研究。

我们可把"智慧"这一词理解成灵活敏捷处理事物的一种能力。21世纪科技快速发展，智能技术在很多领域得以应用。2009年，IBM由此提出了智慧城市这一理念，该理念的提出是以实现人们更好更方便的城市生活为目的。这一新的概念的提出被很多学者所关注，不同学界的学者也开始讨论将智慧理念融入图书馆当中，旨在推进图书馆智慧化的发展。实施证明，智慧图书馆是可以实现的，比如，台北一利用无线射频技术建立的图书馆同第一个手机移动图书馆合作建立的拥有智慧查询服务的上海图书馆。智慧图书馆的概念在学界中还没有统一的概念。不过，大多学者的理解逐渐一致，认为智慧图书馆就是基于物联网和云技术基础上的以信息技术为主导，以提升图书馆服务实现图书馆持续发展的新型图书馆。其本质是因人为本，为人们服务，最终目标是为用户提供智能化和无人工干扰的图书馆服务环境。

有学者将数字化、网络化、智能化作为智慧城市的主要特征，但这只是对智慧城市外在特点的解释。同样的，智慧图书馆数字化、智能化等信息技术也只是对其表面特点的概述，而且根本特点则是互联、便利、高效：其中互联指通过全面感知和深度协同、立体互联，把智慧技术渗透到图书馆服务个耳光环节和流程，实现其发展创新；高效指的是通过整合集群、灵敏便捷把智慧管理纳入到图书馆服务当中，将可持续发展理念导入前后台、软硬件，实现书人相连，书书相连，为读书节省更多的时间，提升处理事物的效率，提升整合集群后的效能，将图书馆中的资源效率最优化和最大化；便利则是基于全面立体感基础上实现无线泛在环境，无论是谁，不管在哪里都可以以任何方式获得需要信息，并实现相应的信息互联，让图书馆随时随地为用户服务，互联集成技术则使得异地、复杂的服务变得更一体化更简化，实现了内外和个性的互动，这就是智慧图书馆中的人本理念的表现。

一、高校智慧图书馆建设现状

国内高校图书馆经过数十年的发展建设，已经基本实现了从传统图书馆向数字图书馆的转变。所谓数字图书馆，就是在计算机和网络信息技术上把不同载体和不同区位的实物同虚拟信息通过数字的形式加以处理，同时构建成数据库，为用户提供随时随地可选用和查询的服务。同传统的图书馆比较来看，数字图书馆的创新体现在向数字化、虚拟化和信息化发展，可以不受时间、空间的影响进行信息检索、优化。信息技术的发展以及用户要求的提高，加之服务理念的改变，数字图书馆在智能化、协同话等方面的不足问题越来越冥想。当前，我国高校图书馆要实现从数字图书馆向智慧图书馆的升级还存在以下问题。

硬件设施建设参差不齐。从当前的实际情况来看，大多高校图书馆的网络环境和信息平台的等建设都得到了普及。有的211和985高校图书馆的经费也是比较充足的。不管是硬件还是软件服务改变都很大，在整合或者自建或者是购买资源后为用户提供了更为高质量的图书馆服务。不过，因为每个图书馆的实际发展情况不一，信息化建设水平也就不一。造成这种差异的原因有两个。一个是经费，一个是观念。有一些高校图书馆因为受地区发展限制，一些高校因为社会资源供给不足，信息化资源建设水平比较落后。一些地区因为生活观念落后，使得整体信息化建设水平也较低。

新技术平台建设缺乏规范化。目前各高校图书馆使用的新技术或平台，一般都是高校根据自身的特点来设计的，这样就荣故意出现很多问题。一个是由因为软件设计人员能力、素质、理念等因素，各高校图书馆的软件系统漏洞多、协调性差，而且功能性不全。二是因为高校自身特点不同，导致各高校之间的软件多种多样、兼容性差，无法很好地实现高校信息共享。

数字化资源建设质量有待进一步提高。衡量图书馆信息化平台的一个主要指标就是数字化资源的质、量。质在很多情况下往往容易被忽略。用户在使用的时候，怎么辩解又高效的搜到自己要的信息也越来越难。这是为什么呢。这是因为，大数据环境下，信息很多，不同信息过多重复、简单的问题也会变得复杂，一些定义混淆的情况也经常出现。量则是在数字资源多样化传播环境之下，其获取方式简单，分秒回传也可以实现，量大量小均可以掌握。数量在增加的时候，用户分辨信息价值高低也就更加困难了。

现代图书馆专业技术人才培养滞后。图书馆信息化管理是一项系统、复杂的工程，不但要有创新意识、理念，还需具有创新的人才队伍为之支撑。但是，不管是高校图书馆管理人员的综合素质，专业能力，都存在明显不足的问题，这些人员虽然能够使用计算机，但是距离具有强烈信息意识、较强专业素质、掌握现代化信息管理技术的要求还存在差距。

二、智慧图书馆与高校服务功能的融合

（一）继续探索与加强高校智慧图书馆的基础建设

智慧服务平台的搭建。智慧服务平台具备协同性、移动性和自动化等特征。基于物联网和云计算技术支持下，能够实现智能问答、主动帮助、自动监测和绿色环保等服务只能。一方面，以互联网、射频传感器、云存储器等技术作为支撑，实现了信息资源管理由数字化向智能化的转变。另一方面，丰富的数字资源也整合到数据库中，把信息资源经管中枢服务器映射到用户终端。

慧服务理念的构建。建立智慧服务理念，以用户需求为主，根据其需求和习惯进行判断，为其提供智能化和个性化的信息处理和采集服务。

（二）智慧图书馆面向校内师生提供智慧服务

构建方便、快捷的智慧服务。在确保高校图书馆基本设施和信息整合的基础上，作为图书馆的管理者要摈弃传统的管理思想，解放思想，以用户为中心，为用户提供更好的信息服务，确保信息安全，建立智慧理念。其次，完善管理机制，促进新技术的应用，为校内师生提供方便、快捷的数字资源服务，使图书馆成为信息服务中心，科研创新助手。

依托大数据、云计算服务高校人才培养。智慧图书馆作为未来高校信息服务中心，每天将会产生和记录大量的师生借阅、浏览、上传、下载等后台数据，依托大数据、云计算等现代信息技术，可以实时、精确的统计分析师生对各学科信息的关注、应用程度，从而为高校基础设施建设、专业建设、课程建设、师资队伍培养、科研创新、学生发展培养等人才培养目标决策、过程管理提供数据支撑，进一步促进高校实现精细化管理。

（三）智慧图书馆面向社会提供公益服务

服务社区公益，信息资源共享。图书馆工作的宗旨是实现信息资源的共享，这也同样是时代发展的要求。信息共性主要包含两个方面，一个是引进来，也就是通过不同的方式和途径把有意义的信息拿进来，信息化时代，通过网络技术利用网络资源，另外也不能忽视一些优秀的纸质资源。一个是走出去，也就是将有价值的资源贡献出去，不能搞信息保密的封闭式管理。当前，有一些高校图书馆提供公益服务，向社区提供信息资源，不仅可以增加经费，还能满足适合需求，使用时代发展又是为人们服务的公益行为。

服务精准扶贫，对口实现信息扶贫。知识扶贫、技术扶贫是精准扶贫的重要工作之一，高校图书馆作为信息资源的重要集结地，在精准扶贫中可以充分发挥信息资源的优势。一方面，高校依托智慧图书馆主动为扶贫对象提供知识、技术方面的信息资源，帮助扶贫对象适应市场变化、挖掘谋生潜力、提高收入水平，从而改善生活状态。另一方面，智慧图书馆通过扶贫对象对信息资源的应用统计分析，为相关扶贫政策、措施的制定提供数据支撑，从而对口实现信息扶贫。

网络信息时代，图书馆发展的一个必由之路就是智慧图书馆的建设。这能够从根本上将传统图书馆工作方式和服务模式进行变革。而高校图书馆应当增加投入，引进人才，转变观念，更好的推进智慧图书馆的建设，发挥其为师生和社会服务的功能，更好的满足读者的个性化需求。

第三节　高校智慧图书馆信息资源体系构建

智慧图书馆的建设需要优质、多元、高效的信息资源体系的支撑。从充分利用发现服务系统进行馆藏资源、共享资源和开放获取资源深度揭示、管理和评估等方面论述了智慧图书馆信息资源体系架构的必要性。

"物联网"一词在1999年被正式提出不久，图书馆界就开始了智慧图书馆的研究与实践。但直到2009年"智慧地球"被提出，"智慧图书馆"才成为研究和建设的热点，而许多图书馆界学者也认为图书馆将进入更高级的发展阶段——智慧图书馆阶段，智慧图书馆是在信息技术快速发展的推动下成为图书馆转型新方向，是继数字图书馆、泛在图书馆、移动图书馆等的又一研究实践热点。高校图书馆无论转型方向如何，资源始终都是读者的刚性需求，是高校图书馆服务能力、服务质量的决定因素，资源建设始终是高校图书馆重要的基础工作。但在新的信息技术的推动下，特别是大数据、云计算、物联网、智能技术的推动下，数据走向数据海，学术记录、出版方式走向数字、开放的模式，图书馆的信息资源建设模式、建设方式和方向也要做与之相对应的改变。智慧图书馆想要建设优质、多元、高效的信息资源体系，就需要从资源的采集、整合、揭示、管理和评价等方面重新思考资源建设。

一、智慧图书馆信息资源体系的架构

智慧图书馆在当前信息技术的背景下，追求资源提供能力和知识服务能力，给读者提供"文献+数据+碎片化信息"的全资源信息服务，即智慧图书馆文献信息资源体系架构要包括馆藏资源、共享资源和开放获取资源。

智慧图书馆馆藏建设。一般来说，馆藏资源包括纸质资源和数字资源。在智慧图书馆的馆藏资源建设中，应根据学校的人才培养计划和目标，科研与学科建设的需要，优化馆藏学科分布，在采访中应平衡多种采访模式，大力加强数字资源建设，保障全校普遍适用的、学科覆盖面较广的综合类数据库；优先为重点学科提供专业数据库支持，再逐步扩展到其他学科；对于新建、扩建的学科，需要集中填补文献资源空缺。

纸质资源采用读者荐购方式，但效果并不理想，智慧图书馆的读者荐购也要与时俱进，增强操作性。这就需要图书馆员走出去，成立院系师生采访小组，集合大家的智慧，建立特色鲜明的荐书平台，让荐书成为常态化、规范化的行为。上海交通大学"思源荐书"平台就是以学科馆员为枢纽，在采访馆员和院系师生架起一座沟通的桥梁。具体做法是：首先学科馆员把采访馆员收集的书目信息整理后推送给院校师生，然后把院校师生的反馈单整理后交给采访馆员，最后再把采访馆员的采购反馈意见反馈给院系师生的过程，零星的荐购、反馈直接在采访馆员和院系师生之间进行，非常值得借鉴。智慧图书馆可利用新技术多渠道开通荐购方式，除了电话、邮箱、QQ、在线留言外，也要充分利用微博、微信等微媒体。读者决策采购 (Patron Driven Acquisitions，PDA) 是近年来在我国图书馆界研究的热点，其本质是以读者需求为核心的资源建设理念，打破了馆员决定馆藏格局的状况，促进了图书馆资源建设向满足即时需求转变和信息掌舵人由馆员向读者转变。PDA 是一种采访智慧化过程，应逐渐成为图书馆采访的主流模式。

电子资源采访一般采用单馆购买和集团采购的模式。集团采购是一种很有效的购买方式，即多个馆组织起来一起采购某种资源，不仅可以节省大量时间和经费，还可以降低购买风险，获得最佳服务，促进馆与馆之间的交流与合作。

目前，集团采购主要有全国集团采购、地区联盟采购和专业院校联盟采购三种类型。全国集团采购主要以高校图书馆数字资源采购联盟 (DRAA) 为主，引进国外数字资源和少量港台数字资源，2013 年合同有效期内的集团采购数据库 132 个，2014 年 134 个，2015 年 136 个。DRAA 门户成为综合多元工作平台，在此平台上数据库商能及时发布数据资源信息，组织和开展培训；成员馆能在线采购并对服务进行评价；代理商能参与管理成员馆采购行为；牵头馆能便捷发布、管理其牵头资源；联盟和成员馆能有效准确地进行评估。地区联盟采购主要是以省市为单位，绝大多数的省市都建立了地区的图书馆资源联盟，其中江苏省最多，有 20 个，如 JALIS (江苏省高等学校数字图书馆) 成员馆最多。专业或行业图书馆联盟主要以行业或专业为主，如医院图书馆联盟和石油院校图书馆联盟等。集团采购数字资源是数字资源引进的发展趋势，是智慧图书馆数字资源采购的必选之路。

共享资源。共享资源的主要服务方式是进行文献传递和馆际互借服务。我国比较典型的信息资源共享系统有 CALIS、CASHL 和 NSTL，涵盖的资源非常丰富。CALIS 已经有 1 600 多家成员馆，通过 CALIS 自建的统一检索平台，可以检索并使用所有成员馆的资源，包括 600 多万种书目记录、400 多万篇的中外文学位论文、36 万种中文图书和 3 千多册外文图书的在线阅读和电子书借还服务。CASHL 拥有 782 家成员单位，收录的国外人文社会科学领域的核心期刊和重要印本期刊达 22 781 种；电子期刊达 2 108 种，电子图书达 41.7 万种；外文印本图书达 172.8 万种。NSTL 文献资源以国外科技文献为主，兼顾国内科技文献，涵盖期刊 17 000 多种，外文会议文献 8 000 余种、会议录 5 241 种、科技报告 1 351 种、中外外文学位论文近 350 万篇。国家图书馆可外借的中外文基藏库图书近 1 000 万册，拥有 120 多个数据库。上海图书馆可提供复印和借阅的中外文图书 400 多万册，期刊近 6 000 种。通过这些单位的平台目录检索，可提供图书借阅和章节传递服务。智慧图书馆要把这些丰富的资源囊括到自己的资源体系中，在资源推广中积极的推荐，利用好文献传递和馆际互借服务方式。

开放获取 (OA) 资源。开放获取兴起于 20 世纪 90 年代末，到 2001 年 12 月，开放获取国际研讨会发布"布达佩斯开放获取倡议"。我国的中国科学院 (CAS) 和国家自然科学基金委员会 (NSFC) 于 2014 年 5 月 15 日共同宣布开放获取政策。

开放获取实现方式有金色 OA 和绿色 OA。金色 OA 主要是开放获取期刊，其主要驱动是 OA 出版机构；而绿色 OA 主要是机构知识库，其主要驱动是学术机构或资助机构。所以 OA 期刊出版非常重视期刊质量，如 BioMed Central 期刊质量控制途径就有：严格的同行评审、严格的期刊编辑政策、使用学术不端检测系统等。开放获取期刊的影响力持续增强，2007 年欧洲原子能研究机构和德国马普学会等机构发起 SCOAP3 开放出版计划，到 2013 年参加的研究机构就涉及 29 个国家的近 200 家，支持的出版社 7 家，2014 年高能物理领域的高水平论文开放出版超过 90%；2011 年 6 月德国马普学会、美国霍华德休斯医学研究所、英国惠康基金会将联合出版生物医学和生命科学领域的顶级开放获取期刊 eLife。开放获取平台越来越多，其中由瑞典 Lund 大学图书馆创建和维护的 DOAJ 是公认的最好的 OA 期刊目录网站，包括很多 SCI 收录的期刊。医学方面有美国国立卫生院 (NIH) 建立的 PubMed Central(PMC)，提供免费的生命和医学期刊全文；BioMed Central 集中出版了近百种质量很高的生物医学领域的期刊。有报告指出，在今后 10 年里，开放获取比例将会不断提高，能达到 15%-50%，有的报告甚至指出 2020-2025 年前后开放获取的论文比例将会占 90%。

OA 资源可以免费使用、能够永久保存。智慧图书馆要积极参与到开放获取的各个层面，对 OA 资源进行收集、整合并建立导航，方便读者使用；进一步加强机构知识库建设，在 OA 资源的传播和共享中发挥重要的作用。

二、智慧图书馆文献信息资源的揭示

对于图书馆来说，推进资源深度聚合，提升全网域资源发现与获取能力尤为重要。资源发现服务系统是对元数据和部分对象数据进行预收集，通过归并映射到一个标准的表达式进行预聚合，形成统一的元数据索引，能对图书馆正在利用的系统 (图书管理系统、统一认证系统、远程访问控制系统、原文传递系统等) 进行无缝集成，为读者提供涵盖馆藏纸质、数字资源，机构仓储资源和 OA 开放获取资源等全部类型的中外文资源的统一发现与获取服务，真正实现数字资源从发现到获取的一站式服务。

从 2008 年发现系统 OCLC World Cat Local 推出，到 2009 年的 Summon 面世，再到 2010 年 EBSCO Discovery Service(EDS) 与 Primo Central 相继发布，资源发现系统以深度整合、便捷获取的优势在信息机构得到迅速发展和广泛应用。我国部分高校馆引入较多的发现系统是 Summon、Primo 和 EDS，如北京大学 2011 年 11 月开始使用的"未名搜索"是引入的 Summon、清华大学 2011 年 12 月开始使用"水木搜索"是引入的 Primo、中山大学"智慧搜索"是引入的 EDS。"Find+ 知识发现平台"是南京大学数图实验室与 EBSCO 公司进行联合研发的 EDS 的本地化，由 EBSCO 公司提供元数据和搜索技术，已有很多高校馆引入，特别是江苏地区的高校馆引入最多。Summon 收录 90 多种资源类型共 9 亿多条数据记录，用北大未名搜索进行空检索，可检索 6.31 亿条记录，如果选上"显示北大馆之外的更多结果"可检索 15.28 亿条记录。EDS 涵盖约 2 万个期刊出版社及 7 万个图书出版社，包括 61 893 种期刊和杂志，600 万种图书，不支持空检索。Primo 索引记录超过 5 亿，包含 3 600 多万条中文期刊全文记录，"水木搜索"不支持空检索。

2013 年，中文网络级资源发现系统"超星发现"发布。超星发现能够对 2 348 家图书馆的资料文献进行搜索，为教育科研提供专业服务，空检索返回 3.29 亿条记录，检索速度快，感觉不到延迟。利用数据仓储、资源整合、知识挖掘、数据分析、文献计量学模型等相关技术，较好地解决了复杂异构数据库群的集成整合，完成高效、精准、统一的学术资源搜索，进而通过分面聚类、引文分析、知识关联分析等实现高价值学术文献发现、纵横结合的深度知识挖掘、可视化的全方位知识关联。

2014 年，百度公司正式推出"百度学术搜索"，是为用户提供海量中英文文献检索的免费学术文献搜索平台，涵盖了国内外的期刊论文、会议论文、学位论文、专利、图书等学术资源，收录 70 万学术站点，元数据索引在 2015 年 1 月超过 5 亿条。百度学术的数据一方面是与 Springer、Willey、Elsevier 等国际出版机构合作，获取其题录数据、引文数据及部分 OA 数据，另一方面是利用搜索引擎优势对 CNKI、万方等暂时未参与合作以及长尾学术站点（如期刊过刊数据库、机构库、学者个人主页等）进行自动收录、解析和清洗。百度学术在全文获取途径上占据优势，可以从百度文库、道客巴巴、豆丁网获取，还可以进行文献互助等。外文资源发现系统一般采取第一年购买费用（实施费）与后续维护费（年订购费）方式进行定价，费用根据图书馆需要配置的资源量、服务对象的规模和图书馆的类型来确定，对于普通高校图书馆来说，这种持续的资金压力无法承受，而超星发现以其资源优势和价格优势迅速在高校馆普及，百度学术更是以免费受到高校图书馆的青睐。

资源发现服务是图书馆服务原理的一种"网域化"，是站在读者角度上提出的服务，是一种具有图书馆学科特质和适合图书馆工作者智能特点的智慧服务，是对资源进行深度揭示、提高资源利用率、建设智慧图书馆资源服务体系必不可少的环节。

三、智慧图书馆文献信息资源的评价

高校馆数字资源所占比重日益增长的同时也显现出管理滞后的问题，即缺少合适的评估体系。很少有高校采用技术手段监测数字资源使用，一般是根据数据库商提供的统计数据进行分析，但其不能动态监控数字资源的使用情况，更不会对使用情况进行实时判断和自动干预，而超过其上限停用数据库，统计数量和质量都无法满足图书馆的需要，对数字资源绩效难以准确评估。对此，图书馆急需一套能够满足自身需求的数字资源统计评估系统，不仅可以将有限的经费花到最迫切的资源上面,还可解决资源的合理使用问题。

对数字资源的评估系统研究主要有:对数字资源服务进行监控,用开源软件或利用代理服务器进行数字资源的监控和统计。但都存在一定的缺陷,在以前研究的基础上,大连理工大学图书馆王正军等提出了基于旁路监听的数字资源评估系统的设计思路,南大图书馆沈奎林等提出基于网络日志分析的数字资源监测系统的实现,对高校馆在数字资源的管理和评估方面会有很好的推进作用。对数字资源评估可以让图书馆对资源的使用效果、价值、满意度有更清晰地了解,并且可以对数字资源采访计划起到很好的参考作用,更是智慧图书馆资源体系建设必不可少的重要环节。

智慧图书馆的建设是巨大的系统工程,是一个长期的过程。信息资源体系建设是智慧图书馆提供智慧服务基础,是建设智慧图书馆不能分割的重要环节。只有建立起优质、多元、高效的资源体系,才能更快地建设好智慧图书馆。智慧图书馆的建设涉及各个方面,需要学校领导的支持,更需要每个图书馆员的积极参与。图书馆员需时刻关注新技术、新理念和新方法,努力建设成需求与技术驱动下的读者满意的真正智慧图书馆。

第四节 人工智能驱动下高校智慧图书馆建设

随着我国将人工智能等计算机尖端技术研发写入政府报告,标志着其发展进入崭新的阶段,在今后一段时间内将会对社会生产生活造成极大影响。对于高校智慧图书馆建设来讲,人工智能的快速成长和引入也为其带来了新的发展思路与机遇。文章通过对人工智能基本原理、智慧图书馆建设基本方案等进行分析和探讨,寻求二者的结合点,从而创新高校智慧图书馆建设方案,形成人工智能相关技术驱动和支撑的高校智慧图书馆建设模式。

人工智能（Artificial Intelligence，AI）起源于20世纪50年代，与第一代计算机ENIAC几乎是同时起步，其核心思想是让机器具备像人类一样的思维能力甚至是行动能力。2017年，国务院印发《新一代人工智能发展规划》，2017年10月十九大指出"推动互联网、大数据、人工智能和实体经济深度融合"[1]，从而将AI的发展建设上升到国家战略地位。大数据时代，AI带来的热潮已经影响到各行各业，应用也愈来愈多，如自动存取系统（Automatic Storage and Retrieval System，ASRS）、机器人、数字孪生技术、视觉识别技术、自然语言处理、机器学习、语音识别、神经科学、生成对抗网络等。

智慧图书馆是新一代图书馆建设方向，通过对物联网、云计算、大数据、互联网＋、AI等技术的融合和构建，形成全智能、全感知、全服务的新型图书馆，将图书馆信息化建设推向极致。

本节在AI快速发展的大环境下，通过分析AI与智慧图书馆建设共通点，深度融合智慧图书馆各方面建设技术，创新高校智慧图书馆建设新模式。

一、AI简介及基本原理

AI是研究、开发用于模拟、延伸和扩展人的智能的理论、方法、技术及应用系统的一门新的技术科学。人工智能的定义现在还没有较为统一的意见，李开复等在《AI未来进行式》中归纳了5种定义，其中比较全面均衡的定义是：AI就是根据对环境的感知，做出合理的行动，并获得最大收益的计算机程序；[2] 茆意宏从发生定义角度对AI进行了描述：机器（软硬件）能根据分配的任务或规定的目标自动对各种媒介的信息内容（数据、知识等）进行输入（感知识

---

[1] 国务院.新一代人工智能发展规划[J].玩具世界,2017(9)：21-32.
[2] 李开复,陈楸帆.AI未来进行式[M].杭州：浙江人民出版社,2022.

别)、加工整理、分析、决策、输出,并能自主进行反应(反馈与互动)与操控等。①这两者是笔者认为比较全面和中肯的定义。

从实现模式上看,AI有4种分类:类人思考、理性思考、类人动作和理性动作,其内涵包括8个基础学科:哲学、数学、经济学、神经科学、心理学、计算机工程、控制理论和控制论和语言学。从AI实现程度上可以将其划分为弱人工智能(Weak AI)、强人工智能(Strong AI)以及超人工智能(Super AI)。目前我们所讨论的基本上是弱人工智能以及特定领域的强人工智能。

AI底层实现一般情况下包含专家知识库、推理机以及人机接口等模块。其核心是专家知识库和推理机,需要将特定领域的知识通过符号化进行计算机可识别的存储,这个符号化的过程就是计算机理解知识的过程。当计算机理解了知识之后就可以引入推理机,推理机是在知识的基础上进行类人思维模式的推导过程,也是计算机拥有智能的关键,通过推理机计算机才可以解决专家知识系统中从未涉及的问题。最后将问题解决结果通过人机接口以语音合成、视频合成、文字、图片等形式返回,完成AI工作过程。

二、多视角创新高校智慧图书馆建设模式

信息资源推荐。信息资源推荐最早采用纸质化方式,以卡片、册子或报告为单位进行信息传播;后期图书馆完成信息化建设后更新为邮件、订阅、RSS等电子出版物形式,信息流通速度进一步加快。AI时代,信息资源推荐是建立在推荐算法之上的更加个性化、深层次、高水平的信息推荐方式,一方面将人工筛选信息所占比重进一步降低,从而可以大幅提升信息资源处理效率。另一方面,人工之智能算法的应用也可以突破人工模式下思维和专业单一的窘境,提供更多具有关联性的交叉学科信息。

---

① 茹意宏.移动互联网用户阅读行为研究[M].北京:中国社会科学出版社,2016.

AI 驱动下的信息资源推荐可以采用内容关联算法（Content-Based）、协同过滤算法（Collaborative Filtering）、基于流行度算法、基于模型算法等再结合 CNN、自编码、RNN、GAN 等 AI 技术，进行信息资源的深度认知和挖掘，实现 AI 环境下的信息资源获取、知识生产、知识认知与体验、知识推送等一系列过程。

计算机视觉。计算机视觉在图书馆的应用是最近几年才兴起的研究领域，研究如何使机器"看"的技术，进而从图像或者多维数据中获取信息。这里的"信息"是抽象定义上的信息，也就是香农所说的可以帮助做决定的"信息"。计算机视觉的最终研究目标就是使计算机能像人那样通过视觉观察和理解世界，具有自主适应环境的能力。计算机视觉步骤可以分割为图像获取、预处理、特征提取、检测分割、高级处理等。

计算机视觉可以为高校图书馆提供更加先进的人脸识别门禁系统、智能借还书系统、智能监控系统等。人脸识别门禁系统通过对门禁的改造，在设备端加装高光感、HDR 摄像头，在后台录入读者面部图像，完成刷脸进馆、刷脸借书等操作。一方面可以改善读者的使用体验，省去忘带读者证就无法进馆的烦恼。另一方面，也可以提升安保措施，从进馆源头就可以进行读者追溯，杜绝冒用他人读者证入馆甚至是恶意借书的行为。

智能监控系统是对现有监控系统的全面升级，采用图像处理、模式识别和计算机视觉技术，通过增加智能视频分析模块，过滤掉视频画面无用的或干扰信息、自动识别不同物体，分析抽取视频源中关键有用信息，快速准确地定位事故现场，判断监控画面中的异常情况，并以最快和最佳的方式发出警报或触发其他动作，有效进行事前预警、事中处理、事后及时取证。智能监控系统可以有效解决目前图书馆人员编制大幅压缩所带来的工作窘境，通过智慧巡更、行为检测、人脸识别等可以大面积替代人工成本。

此外，还可以借助计算机视觉技术完成图书馆各区域的客流统计，使图书馆的运行方式、人员安排、资源布置更加科学化、灵活化、模块化，提升使用效率、降低运营成本。

个性化感知。个性化感知强调图书馆作为一个有机体主动去辨别和认知自己所服务的每一个读者，为其建立详细的用户画像，做好个性化服务。现代化的图书馆里面充斥着各种日志记录、视频检测、红外传感、RFID射频、AP定位、iBeacon定位、条码、二维码等设备，可以全方位地追踪和分析读者在实体图书馆和虚拟图书馆中的资源使用情况，而AI要做的就是分析和学习这些记录数据，将其汇总成可以描述用户偏好的各种维度，进而辅助信息资源推荐服务的开展。

智能化资源分类。传统图书馆的资源按照主题进行分类，催生了中国图书馆分类法、中国科学院图书馆图书分类法等资源分类方案，主题分类法在以纸质馆藏为重心、学科交叉发展不明显的时代发挥了巨大的正面作用，理顺了资源保存策略、加快了资源查找速度、提升了资源的利用率。而到了以电子信息资源为发展重心、学科高度交叉的新型图书馆建设时代，以大型主题进行资源分类已经不能满足图书馆的业务需求。一方面是纸质馆藏量逐年不均衡增加，各个分类之间需要进行频繁倒架以满足新书的上架需求，而倒架伴随着纸本资源的位置变动，不可避免地加大读者查找和学习成本。另一方面是读者找寻图书更偏向于以特定范围的小主题进行查询，希望通过最短的时间获取多样性的、有价值的交叉学科资源，这些在现有的分类方案中都无法较好实现。

智能化资源分类可以采用自动化主题挖掘和聚合，按照精细化设置的主题进行资源保存、展示和流通，类似目前的主题展览、特色数据库以及机构知识库，保证读者可以在小范围资源内获取到该领域所有权威资料。不同之处在于目前可以利用 AI 技术，通过分析读者的借阅行为、特定领域的数据挖掘、算法预测等实时生成热点主题，用以指导资源分类和排架。更有甚者，特别是针对电子资源，可以直接生成当前热点研究主题的基础知识库，为读者提供更加高效、精准的资源服务。

机器人。广义上的机器人是指能替代人工的一切机器设备，包含装备制造业、海洋、船舶、餐饮、教育等各个行业所使用的固定、半固定、自由运动类型的机器设备或交互接口。狭义上的机器人是 AI 的一种外在表现手段，其形象大多拟人、拟物或者是适合特定场景环境，可以是虚拟的也可以是实体的，机器人拥有自主思考、运行、自我修复、自我学习等特点。

高校图书馆所使用的大多还属于广义定义上的机器人，可以替代人工做一些半自助化操作，如自动借还书、门禁、图书分类等。而 AI 机器人的应用场景会更加丰富，有了自主思考和语音、视频交互能力后，机器人可以用来完成一些参考咨询、资料查找、业务办理等操作，如湖北省图书馆、广州图书馆等均引进了拟人化智能机器人，用于读者接待和参考咨询。南京大学图书馆更进一步，与南京大学计算机科学与技术系陈力军教授团队合作，自主研发图博档公共服务机器人 LibBot 和第一、二、三代智能盘点机器人，将 AI 切实落地到实际应用中。其中第三代智能盘点机器人已经产品化和量产化，可以实现自主导航、自主运行、使用 RFID 进行图书扫描并显示错架信息，从而彻底解放一直忙于查错的图书管理员。并且机器人可以在夜间运行，与人工管理完美结合，机器人晚上进行错架扫描，图书馆管理员在白天进行错架书籍归位，大大减少书籍错位的时间。

智能网络。现代化的图书馆不仅仅是资源集合地，更是各种网络服务的中心。一方面图书馆提供的网络服务规模和种类逐渐增长，受众越来越多，愈来愈不可控。另一方面，网络安全威胁日益严重，可被攻击的漏洞随着设备、服务的增加而增加，如2017年5月，肆虐的勒索病毒，让许多面临毕业的学生痛失毕业论文，造成了极大的损失。对于网络管理和网络安全，AI领域也提出了相应的解决方案，主要观点是"实时巡逻、及时阻断"，利用智能防火墙、智能入侵检测系统、神经网络、规则专家系统、数据挖掘等技术及时发现网络中的恶意流量、病毒，甚至是内网中的不合规操作，及时进行端口禁用、网段封锁、调用杀毒程序进场清理等，从而保障网络的安全、畅通。

智能网络通过机器学习模型判定安全威胁，检测木马变种和未知威胁攻击、0 day攻击等，并且做到主动防御，将网络安全逻辑框架从单纯的边界防护上升到整个网络安全的防护，形成以"察知"为核心的网络空间管防控系统化能力，达到对未知威胁检测、可视化、秒级分析和处置响应的网络安全新高度。

三、面临的问题与挑战

思维缺失。AI对高校智慧图书馆建设的冲击一如前几年的计算机信息化、网络化、Web2.0、大数据所带来的翻天覆地的变化，对图书馆整体的软硬件设施、服务模式、资源建设等提出了更高的要求。但是AI的出现和落地是需要一个漫长的过程，图书馆员如何不断寻求AI与智慧图书馆的结合点，弥补AI思维方式的缺失，终将是一个巨大的挑战。

人才匮乏。人才匮乏问题在图书馆经历各种变革的时期都是普遍存在的，从根本原因上来讲就是高校图书馆人事管理太过于死板，无法有效应对社会变革带来的冲击。这一点从高校智慧图书馆建设过程自主研发项目的数量可以看出，几乎是全军覆没，能有力量进行自主建设的也是进行了校内合作，如南京大学的建设模式。AI人才的匮乏直接会导致两个突出问题，一个是上面所述的思维缺失，因为没有人了解AI，也就不会有将AI引入智慧图书馆建设的想法和方案。另一个是即使想引入AI，也只能被厂家牵着鼻子走，丧失了主动权。

资金支持力度不够。图书馆建设经费大部分集中在资源采购方向，智慧图书馆建设能得到的资金支持少之又少。同时大部分高校图书馆没有实验室或者教研室建设经费支持，能灵活使用的经费更少。但是AI研究又需要大量的软硬件支持，这就对困境中求生存的图书馆领域研究人员提出了更加急迫的要求，努力寻求资金支持，让智慧图书馆建设搭上AI的快车道。

数据爆炸。数据爆炸问题在大数据到来之前就已经被各个领域所感知，而到了AI时代，这个问题会进一步加剧，原因在于AI处理原始记录会产生大量的中间数据、结果数据、日志数据等，这些数据的规模同样不可小觑。在引进AI之前，高校图书馆应充分考虑应对新型数据爆炸的问题。

隐私和安全。由于AI、传感网络、计算机视觉等的全面运用和强大的后台分析能力，图书馆获取用户信息和挖掘用户个人隐私信息十分便利，随之而来的隐私问题也应该被逐渐提上解决日程，如何避免用户的隐私泄露和用户画像数据的滥用应该成为关注的重点。而安全问题更是重中之重，当图书馆中具有自主行为能力的机器人越来越多之后，如何避免机器人与人的"冲突"，保护读者安全也是一大难题。在应用AI机器人的图书馆中已经出现过由于部分读者经常与机器人对骂，而造成机器人学习和使用脏话并将其普遍使用到日常参考咨询过程中的案例，这些都是要极力避免的问题。

四、应对策略分析

首先，尝试改变图书馆现有的人事架构比例，从以资源采购、编目、排架、读者服务为主力的人事招聘和人员安排转变为向技术岗位倾斜的人事管理方式，尤其是有助于智慧图书馆建设的高新技术岗位，要勇于聘任、积极聘任，补全高校图书馆发展过程中的专业人才和专业思维短板。其次，高校图书馆应积极拓展资金和项目来源，用来吸引人才和软硬件设备升级改造。最后，要在建设之初就提前构建有效的数据存储和隐私安全保护机制，避免读者数据泄露造成不良影响。

本节通过对现阶段 AI 和高校智慧图书馆建设的研究和剖析，提出信息资源推荐、计算机视觉、个性化感知、智能化资源分类、机器人、智能网络等多个视角的 AI 驱动下高校智慧图书馆建设方案，并对其中可能遇到的潜在问题进行了初步分析与探讨，以期为高校智慧图书馆建设提供一种崭新的思路。

第五节 新时代高校智慧图书馆人力资源建设

在新时代的背景下，智慧图书馆作为未来图书馆的新模式，将成为图书馆创新发展、转型发展和可持续发展的新理念和新实践。认真分析智慧图书馆的内涵和发展，以及智慧图书馆的特征，结合高校图书馆自身的特点，高校图书馆馆员应在观念、技能等方面做出切实的转变。

作为社会主义精神文明建设重要组成部分的高校图书馆，如何紧跟时代发展的步伐，满足人民对美好生活的向往，这是高校图书馆人急需认真思考的问题。21 世纪以来，随着科学技术的不断发展进步，互联网、人工智能、物联网、无线通信技术等信息技术的飞速发展，以及此类技术在图书馆的不断运用，可以让我们清晰地看见"以人为本，读者至上"为宗旨，以数字化、智能化、网络化为基础，高效便利地为读者服务的智慧图书馆是未来图书馆发展的方向和模式。

一、智慧图书馆的内涵及发展

"智慧图书馆"的概念，最早是由国外的图书馆学学者提出，随后再引进到国内，且普遍为我国图书馆界所接受。"智慧图书馆"一词最早出现在2003年。由芬兰奥卢大学的图书馆学学者马库斯·奥塔拉（Markus Aittola）在《智慧图书馆——基于位置感知的移动图书馆服务》的论文中首次提出。他指出智慧图书馆是一个不受空间限制的、可被感知的移动图书馆服务，可以帮助用户找到所需的图书和相关资料。之后，国内外图书馆学学者结合图书馆的发展实践，不断完善智慧图书馆的构想，提出各自的理论。贝滋克（Bilandzic M）对智慧图书馆的信息服务模式从图书馆用户的角度进行了阐述。约翰逊（Johnson）和亚当斯·贝克尔（Adams Becker）提出在互联网、大数据、云计算等新技术新环境下，实现智慧图书馆满足读者需求个性化、差异化、智能化的设想。国内对智慧图书馆的研究是从2005年开始的，代表性的有关智慧图书馆的观点，主要有华侨大学图书馆严栋提出的基于物联网的智慧图书馆，是全方位开放式的图书馆、综合的学术资源信息服务中心、配套齐全的活动中心、高效便捷和节能的智慧中心。是以一种更智慧的方法，通过利用新一代信息技术来改变用户和图书馆系统信息资源相互交互的方式，以便提高交互的明确性、灵活性和响应速度，从而实现智慧化服务和管理的图书馆模式。上海社会科学院信息所的王世伟研究员，主张智慧图书馆是任何时间、任何地点可用的、任何方式可用的、书书相连、书人相连的图书馆服务和管理的新形态。它是以数字化、网络化、智能化的信息技术为基础，以绿色发展和数字惠民为本质追求，是现代图书馆图书馆科学发展的理念和实践。

二、高校智慧图书馆的特征

智慧图书馆，通过互联网、物联网、人工智能、云计算、无线通信技术等现代技术手段，以用户为中心，对读者的读书活动、馆藏、馆舍等大数据进行挖掘、分析，高效、便利地来满足读者个性化差异化的信息需求。它是以现代技术为基础，以读者的需求为目标，充分发挥人的主观能动性，从而最大限度地实现图书馆资源的效益。高校智慧图书馆具有以下三个显著特征。

（一）服务对象的特殊性

不同类型的图书馆，服务的读者类型不同。城市公共图书馆的读者以普通市民为主，而乡村图书馆的读者以农民为主，少儿图书馆的读者主要是以5~14岁的少年儿童为主。高校图书馆的服务对象，主要是本校从事教学科研的教师、在读的本科生、研究生和学校的行政管理人员等。

（二）信息资源需求的专业化

高校智慧图书馆，作为高等院校三大支柱之一。它主要是为高校的教学和科研服务。它与国家和地方的发展战略、经济、科技、法规政策等的制定密切相关，是国家和地方政府的智库之一。与公共图书馆的文化普及、娱乐、消遣休闲的文化功能定位有着显著的差别。它的文献资源保障更侧重于专业化、前沿性。

（三）信息资源需求的个性化

高校是人类精神文明保存、传承、弘扬的重要阵地。高校开设的课程，特别是综合性高校开设的课程，包罗万象，每个老师所讲授的课程和研究的课题，都是不同的。因此，老师需要的文献资源也都各不相同。而每个学生因专业、兴趣爱好不同，其信息资源的需求也是不同的、有差异的。

三、新时代高校智慧图书馆馆员的转变

为建设好智慧图书馆，除了学校在硬件方面加大投入，购买必要的设备外，更需要紧紧抓住人的因素，为又好又快建设智慧图书馆提供充分、优秀的人力资源。为此，高校图书馆馆员需切实做好以下几个方面的准备工作。

（一）新时代智慧图书馆馆员需转变观念

理念是行动的先导，一定的发展实践都是由一定的发展理念指导的。党的十八大以来，习近平总书记顺应时代和实践发展的新要求，提出要坚定不移贯彻创新、协调、绿色、开放、共享的新发展理念。新发展理念深刻揭示了实现更高质量、更有效率、更加公平、更可持续发展的必由之路。为适应智慧图书馆新时代，图书馆工作人员需要由传统的、封闭的、被动服务的观念转变为现代的、开放的、主动服务的观念。真正地使满足用户的实际需求的理念，不仅仅停留在纸面上，而应进入我们的头脑，无时无刻不想着如何更好地为读者服务。

（二）新时代智慧图书馆馆员需掌握新技能

在智慧图书馆新时代，图书馆馆员只具备扎实的图书馆专业知识是远远不够的。现代科学技术的发展日新月异。计算机技术、RFID、云计算、人脸识别等新技术源源不断地被运用到图书馆的管理和服务中来。各类智能工具和资源载体已经遍布图书馆内外，不具备数据技能的馆员将寸步难行。图书馆工作人员只有不断学习，熟练地运用好这些技术，才能更加高效地为读者服务。

（三）新时代高校智慧图书馆馆员需要高度重视读者

传统图书馆的读者，只是图书馆服务的对象。几乎与图书馆没有交流互动。而智慧图书馆，需要馆员深入到用户中，充分地挖掘、分析用户的相关数据，随时掌握读者的动态需求。首先，利用大数据，图书馆的日常统计工作中，不仅仅统计读者宏观的进馆的数据，还要对不同时段不同空间的读者分布进行精确统计，以便图书馆阶段性地对馆藏资源进行调整或微调。其次，需要通过收集智能终端、物联网、图书馆APP等数据，通过云计算对读者的借阅历史、兴趣爱好、咨询反馈记录等数据进行充分挖掘、整理、分析，对用户建立数据共享平台，能够为高校师生的教学科研提供差异化嵌入式的服务。最后，馆员需对读者进行信息素养教育。对于高校绝大部分学术型研究性读者来说，应对新入校师生通过专业讲座，或借助微博、微信公众号、移动图书馆APP等网络媒介推送，让他们尽快熟悉馆内的纸本节献资源、电子资源、数据库及各种资源的检索获取途径，以利于读者方便、高效地利用图书馆资源。充分重视读者的需求，让他们也成为智慧图书馆的建设参与者，使得图书馆、馆员、用户之间协调统一，构成一个和谐有机体。

当前，高校图书馆的发展，机遇与挑战并存。高效、互联、便捷、泛在、可视、智能是高校智慧图书馆发展的必由之路。高校智慧图书馆必须以硬件设施为基础，以读者为中心，以需求为导向，积极拥抱互联网、云计算、大数据技术以及人工智能技术，完善智慧图书馆人力资源建设，增强服务意识，适应新时代、智能性图书馆发展的内在要求，为我国的图书馆事业的改革和发展起到引领和示范作用。

第六节 泛在知识环境下高校智慧图书馆发展

泛在知识环境下，用户对知识的需求更加多元化。高校图书馆作为高校的三大支柱之一，随着智慧校园进入高校，高校师生对图书馆的知识服务也提出了更高的要求。本节在介绍智慧图书馆内涵的基础上，叙述了智慧图书馆的特点，并提出了泛在知识环境下高校智慧图书馆建设的思考。

近些年来，随着因特网的普及，网络信息技术、数字技术的快速发展，信息资源级数增长，高校图书馆在信息传播和组织方面受到了极大的冲击，传统的信息服务模式已经无法满足用户的需求。我国各大高校为有效整合学校的信息资源，投入了大量的资金建设"数字化校园"，而"智慧校园"则是"数字化校园"发展到一定阶段的产物。所谓"智慧校园"是以物联网技术为基础的数据共享平台，它将各类孤立存在的信息进行加工整理和分类，把学校的各个部门、学院、专业、课程、教师和师生等孤立的个体统一在一个环境内，为师生打造智慧的生活环境和学习环境，提供一个可以共享信息的平台。图书馆作为高校信息资源中心，基本职责是为高校的教学、科研提供信息服务。在知识泛在化的大背景下，高校图书馆如何适应新的知识环境，提供高效的信息化服务，建立智慧化的图书馆，则值得我们深思。

一、泛在知识环境与智慧图书馆的内涵

知识泛在化，改变了知识原有的传播、获取与交流的方式，形成了一种新的社会信息环境，即泛在知识环境。"泛在"(Ubiquitous)源自拉丁语，意为"普遍存在""无所不在"的意思。泛在化知识环境指的是无处不在的知识学习空

间，是指可以满足人们利用身边便利的检索工具随时检索需求信息，进行分析处理应用的情景。泛在知识环境的到来，为图书馆的服务和发展带来了新的机遇与挑战，打破了知识的时空限制，使用户由早期的被动知识接收者和参与者，到现在的主动参与者、内容创造者和体验者，更加注重于信息的主动获取与创造。"智慧图书馆"成为当下图书馆界普遍追求的实现目标，尤其在高校领域。什么是"智慧图书馆"，它是以实体图书馆为平台，以先进的信息技术为支撑，以智慧化设备为手段，以高素质的智慧馆员为纽带。终极目标是实现无人干预的图书馆管理和服务。

二、泛在知识环境下智慧图书馆的特点

共享化的信息资源。智慧图书馆以实体图书馆为平台，利用物联网、云计算、智慧化设备，将传统的印刷型资源和数字资源整合在一个无缝的信息环境中，构建一个由物理空间和虚拟空间共同构成的，全天候提供信息知识服务的图书馆。不受时间、地点、空间限制。智慧图书馆的信息资源是互联互通，共享的。一方面用户可以利用互联网开展信息服务，另一方面用户可以在不同时间、地点、空间以不同方式开展主题学习，通过多种载体形态和不同形式的工具极大限度地利用图书馆的各类信息资源，最大限度地满足自己的信息需求。智慧图书馆拆除了校与校的围墙，打破了馆与馆的距离，消除了不同规模图书馆之间的资源鸿沟，建立起跨载体、跨部门、跨库网、跨系统的应用集成，实现更大范围的信息资源共享。以此实现信息资源的动态交互，图书馆信息资源共享协同。

个性化的信息服务。"以人为本"、"以读者为中心"是图书馆的本质理念。在当前泛在信息环境下，用户需求高度多样化，知识泛在化对图书馆的服务提

出了更高的要求。读者的个体差异导致其对知识、知识服务方式有不同的需求。用户关注的重点由原来的信息发现转化为自身个性化知识资源的获取。图书馆在其服务建设上必须突出"智慧性"以满足读者的阅读体验和满意度。通过将读者阅读行为的量化，根据读者所处环境、长期的兴趣爱好、读者专业、读者对所需信息特征的描述、评论、浏览等行为，以图像、文本、视频等综合推送方式呈现给读者，建立可长期保存和定期"取出"的读者阅读历史档案，为读者提供随身、随时、随地的信息资源服务，建立个性化的阅读记忆平台。

便利化的信息获取。海纳百川是互联网的信息存储功能的独特表现。信息传播的及时性和便利性，极大地改变了人们的阅读思维方式。泛在知识环境下，计算机和网络普遍存在世界的各个角落，用户通过计算机辅助设备从知识网络中获得所需要的知识，并通过关联的知识网络，全面、系统的了解和掌握知识的交叉、分散、重合，随时随地通过计算机和网络终端来进行学习与生活。智慧图书馆的构建打破了传统图书馆在空间、距离、时间上的局限性。用户不再受时间、地点、空间的限制。可以随时随地检索利用智慧图书馆的信息资源，不再局限于规定的时间、地点、空间使用图书馆信息资源，让用户在使用信息资源的过程中更加的便利化。

三、高校智慧图书馆服务体系的构建途径

构建大数据服务平台，建立高校图书馆智慧墙系统。知识泛在化给信息检索带来了机遇和挑战，电子资源的发现和利用日益成为用户关注的焦点，高校图书馆面临着实现纸质文献与数字资源的复合型图书馆转型。为进一步提升纸质图书管理和服务水平，高校图书馆可以建立智慧墙系统。以大数据为服务平台，开发读者流通系统，建立读者借还书行为分析数据库等后台系统。对收

集的后台数据进行挖掘，包括图书借还量、图书馆到馆人次、WIFI 登录人数、微信粉丝量、图书借阅排行榜、读者借阅排行、读者积分排行、新书推荐、热门检索词、资源使用情况、读者年龄性别分析、活跃读者占有率等，推送到图书馆大厅智慧墙，通过前端智慧墙实时发布，形成一张高价值的记忆网，分享实时、流动、准确的信息资源服务内容。"玩转"线上线下一体化的智慧互动，通过追踪读者行为偏好和个性化信息需求，全面提升智慧图书馆的服务水平。

采用 RFID 技术，提升智慧图书馆的软硬件设备。智慧图书馆采用超高频 RFID（无线射频识别）技术，实现自助图书借还、图书 3D 精准定位、智能盘点等功能的一卡通管理服务。RFID 技术包括硬件设备和软件设备。其中硬件设备包括：RFID 芯片、RFID 层架标、电子侦测门、自助借还机、智慧书架、柜台工作站、RFID 盘点车、RFID 安全门禁等。软件设备包括：门禁系统、安全管理系统、典藏查询系统、RFID 标签初始化转换系统、读者自助借阅及借还系统、馆员工作站应用功能集成系统、顺架及盘点系统。通过采用 RFID 技术，智慧图书馆可以实现图书的精准定位，不仅可以为读者指明图书的详细架位信息，提高读者查找图书的准确性，也可以提高工作人员图书上架的速度与效率，提升图书馆流通服务效率。通过智慧盘点功能可以对馆藏图书进行统计、归类，降低工作人员的工作强度。与此同时，24 小时自助借还系统大大缩短了在高峰时段图书借还的时间，提高了借还书的效率。

满足师生的个性需求，提供个性化的推送服务。立足于师生的个性需求，将个性化的推送服务嵌入到师生的工作、学习、生活当中，在提供给师生信息服务的同时，要激发师生的主动性，对推送的信息能进行及时的反馈，积极参与到信息的推送服务中来。其具体的做法包括基于 OPAC 借阅信息服务平台，感知读者的个人阅读信息及检索历史记录。基于读者的个人需求、兴趣爱好、专业需求，推送其感兴趣的馆藏纸质图书信息资源。对采购的新书进行及时通报，让读者及时了解资源的更新情况，减少资源的浪费。定期公布借阅情况，并对热门图书进行推荐。通过电子邮件发送催还通知，让读者及时了解图书借还情况，减少资源的占用率。同时，向读者提供电子图书、期刊及网络免费文献的链接，有针对性的提供个性化服务，减少盲目性。

智慧图书馆尚处于探索和初级应用阶段，需要技术、资源、服务等主要要素的相互促进和统一发展，协同促进智慧图书馆整体水平的提升。虽然国内智慧图书馆建设总体上取得了较大的进步，但是在技术、创新服务操作等方面仍面临着巨大的挑战，尚需共同努力和探索。

第七节　基于高校智慧图书馆读者交互式服务

近年来智慧图书馆是很多公共图书馆和高校图书馆不断探索和尝试的新模式，也是未来图书馆发展的主要趋势。文章指出高校在尝试发展智慧图书馆的过程中，读者服务、读者体验、读者情感是不可以忽略的主要问题。图书馆需要创造能满足读者与馆员、读者与读者、读者与专家学者之间交互性学习、交流的自由、舒适、愉悦的线上和线下条件。

智慧图书馆时代的到来，高校图书馆逐渐改变传统的服务模式，不断探索和尝试新的服务模式，利用高科技设备、大型存储、高速的网络设备将传统图书馆不断发展为资源互联、高度融合的信息平台。智慧图书馆是以数字化、网络化、智能化的信息技术为基础，以互联、高效、便利为主要特征，以绿色发展和数字惠民为本质追求，是现代图书馆科学发展的理念与实践。发展智慧图书馆在建设图书馆内外软硬件设备，给读者带来互联、高效、便利的服务同时，要充分考虑对读者的交互式服务,包括读者与馆员、读者与读者的交互性学习、交流。在智慧图书馆先进理念的引领下,图书馆通过在馆舍建设的实体环境和互联网移动设备的虚拟环境建设中给读者提供自由、舒适、愉悦、便捷的交互式服务。

一、传统高校图书馆读者交互式服务的基本模式

简单的实体环境。传统高校图书馆一般给读者提供自修室、阅览室等最基本的学习环境。自修室、阅览室多数都是空间比较大、读者比较多,要求保持安静,读者只能通过阅读获取知识,偶与邻座之间进行简单交流,读者无法在这样的环境中获得自由、愉悦的交互式学习、交流体验。

读者培训、座谈会。高校图书馆每年都会举办各种读者培训、常规培训,如新生入馆教育、图书馆数字资源讲座以及开设信息检索课。除常规培训之外,图书馆会根据读者需求开展有针对性的资源培训,并根据实际需求举办读者座谈会等。开展这些活动,是图书馆与读者面对面交流、学习的重要方式,但是往往这类活动是一种单向式的信息传达,读者多为被动接受,读者可自主参与交流的机会很少。

移动互联网设备。传统高校图书馆配备最基本的计算机和网络设备,读者可利用图书馆提供的检索机检索图书。检索机一般位于图书馆的各个阅览室,读者遇到问题可以咨询阅览室的图书管理员,这也是读者与图书馆馆员之间最直接的互动式交流方式。高校图书馆基本都有自己的主页,图书馆的通知公告、新闻动态等都会发布在图书馆主页上。读者可利用OPAC查询个人借阅信息、接收图书馆应用服务系统发送的预约到书、图书超期等邮件信息。传统高校图书馆利用移动互联网设备与读者的交互式交流方式过于单一,不能调动读者的积极性。

二、智慧图书馆时代读者交互式服务新模式

智慧图书馆时代拥有先进的现代化技术和设备，给读者提供极为便捷的服务，读者需要快速、便捷地获取资源，更需要舒适、自由的人与人之间的交流，通过交互式交流获取对知识的深层次理解。满足读者的交互式交流，高校图书可从馆舍空间建设、以读者需求为导向的读者培训、虚拟交流空间建设等方面整合利用图书馆的馆藏资源和网络数字化资源为读者提供新型交互式学习环境。

馆舍空间设计创造舒适性交互学习环境。智慧图书馆时代高校图书馆馆舍空间建设需要突破传统图书馆缺乏互动交流的静态服务格局，充分利用智慧图书馆的先进设备和技术理念，在图书馆内部根据不同的读者类型、读者学习需求开辟单独的实体物理空间，并对通过软、硬件包装设计物理空间，具体表现在以下几个方面。

建设具有艺术性和人文关怀学习讨论区。图书馆建设追求不仅仅是物质标准的硬件与管理服务的软件，更在于创造一种美妙的、引领未来的工作、学习与生活的方式，实现人们对理想工作、学习与生活方式的梦想。图书馆为读者提供的学习区间需充分考虑读者与学习空间的和谐统一，让读者能够身心愉悦的融入阅读空间。每个阅读区域需要根据空间的功能设计软硬件，比如不同藏书室根据馆藏特色设计书架布局、空间色彩等，读者移步不同科室可以有不同的感受；信息空间可以利用音响设备、灯光效果设计营造一种宜人的欢愉气氛。读者体验区配置可移动座椅和多媒体设备满足读者的演示、交流需要；休闲区配置电源插孔、网线、无线网等，方便读者的电脑及移动设备能够顺利接入校园网。智慧图书馆时代的高校图书馆的学习环境应当集阅读、研究、休闲于一

体，为读者提供自由、舒适、稳定、亲和的人文环境，以提高读者交互式阅读、学习的效率。

数字资源共享区间交互式体检。智慧图书馆时代读者利用各种形式的阅读终端设备访问馆藏数字资源，图书馆可开辟专门的空间，引进各种供读者现场体验的手机、pad、电脑等设备。在数字资源共享区间，读者之间可体验不同的阅读终端设备，共同参与的读者可以相互讨论、交流不同设备、资源的使用方法、技巧，同时读者可使用自己的随身电子设备访问图书馆的应用、资源，从而能够很好地促进电子资源的推广。

以读者个性化需求为导向的线下培训、交流。读者培训是图书馆进行自我宣传、与读者近距离交流的有效途径。智慧图书馆时代下图书馆需要根据读者的现实需求、学习阶段、所学学科组织多种形式的读者培训，以提升图书馆读者间的交互式交流机会。

利用智慧图书馆先进技术开展交互式培训。随着物联网技术的不断发展，智慧图书馆可以使读者、设备、资源三者之间随时随地互联，通过智能手机、平板电脑、汇文系统、门禁、闸机等感知设备对图书馆的各类资源的利用、读者行为状况等进行深度感知和统计。图书馆利用这些数据进行大数据分析，可深度挖掘读者需求，根据读者的个性化需求展开各类的读者培训、交流等活动。在充分熟知读者需求的前提下展开的各类合适的培训活动，将极大地提高读者参与活动的热情，收到良好的交互式培训效果。

智慧图书馆模式下，读者培训可以根据培训内容、人员数量选择不同的多功能场所。比如进行移动图书馆使用方法的培训，可以选择多媒体设备体验厅，用不同的设备展示它的使用方式，读者现场体验各类设备、各种使用方式，使用时遇到问题现场提问；对读者进行数据库培训，选择无线网全覆盖的电子阅览室，读者可使用电脑现场操作，同时可以下载手机APP，体验数据库的移动阅读；对于一些提升读者人文素养的讲座，可选择具有高清投影设备的放映室，放映与讲座主题相关的短片，给读者丰富的视觉体验后，培训人员与读者可进行交互式交流、学习。

文献检索课堂师生共同参与资源共享。高校图书馆一般开设文献检索课，是对学生进行信息检索能力培养的重要方式。以通达学院图书馆为例，图书馆开设的文献检索课的授课内容以图书馆的资源为主，通过该课程的学习，能够让学生了解图书馆，更多地利用图书馆资源。通达学院每个班级的检索课是8个学时，课时紧、内容多、传统式的讲课方式学生兴趣度不高，参与度很低。通过对多个班级学生的调查发现，学生希望课堂能够有充分的互动，能够增加自己动手操作的机会。为满足学生需求，教师根据授课的实际情况，课堂充分调动学生的积极性，给学生布置课堂实践内容，让学生课后自己去查找资料、准备PPT。课堂上每个小组代表到讲台讲述本小组的主题内容，各组同学充分互动，各小组之间根据台上同学所讲的内容、语言表述等对其进行评分。教师在每个小组讲完之后，进行点评、补充。通过师生共同参与完成课堂内容。

在智慧图书馆的不断发展中，图书馆的智慧设备不断建设完善，文献检索课的教学除了在普通机房，还可以在多功能教室。通过多功能教室电子白板进行移动设备无线传输，小组演示过程中每位成员都可以通过自己的移动设备将资源传输到电子白板，学生可以更为直观的分享自己查找的信息。通过这种师生共同参与课堂学习形式，可以加深学生对授课内容的印象，提高文献信息资源的利用率。

充分发动学生组织开展丰富的读者交流活动。高校图书馆读者成千上万，而图书馆的工作人员人手紧张，特别是负责读者培训的馆员有限，无法全面展开读者培训和交流活动。一般高校图书馆会有自己的学生组织，比如通达学院图书馆的学生组织是一个校级社团，在整个学院的学生中有一定的影响力。图书馆可以充分发挥该学生组织的作用，由图书馆的老师对学生组织成员进行常规培训，然后充分发挥学生组织的作用，让经过培训的学生组织成员主办或者协助图书馆老师举行各种读者培训、读书会、读者影评等活动。而且图书馆学生组织的同学本身就是图书馆的读者，他们比老师更了解身边同学对培训的要求、对不同读书活动的兴趣。有了图书馆学生组织的参与，可以更好地宣传图书馆，增进图书馆与全院读者的联系。

虚拟空间跨越时空的无障碍沟通。智慧图书馆时代，读者阅读方式发生了很大变化，信息需求逐渐走向零散化，表现出实时性、移动性的阅读趋势。图书馆要结合读者的需求，利用各种网络技术平台，开展具有差异性、特色化、个性化的交互式的智慧服务。智慧图书馆要求高校图书馆根据读者的阅读习惯变化改变服务模式。通过网络虚拟平台使读者通过智能手机等移动设备实现实时的信息交流和服务。图书馆需要跨越时空与读者无障碍沟通、交流，让图书馆的信息服务因读者而动，随时解答读者问题。

根据读者的个性化需求，图书馆可以建立 QQ 群、微信群接受读者咨询、发布图书馆信息资源、组织主题交流与讨论，加强互动交流；利用图书馆微信公众号发布图文信息、回答读者咨询、了解读者多方面需求；利用网络微场景制作各类宣传，方便网络发布；同时要有专门馆员维护图书馆虚拟网络空间，及时解答读者咨询、主动提供各种信息服务、创作、编辑读者喜欢的微推送。总之，图书馆要努力建设互动式的虚拟空间服务语境，为读者提供专业化、个性化的微服务。

智慧图书馆是高校图书馆发展的新模式，高校图书馆要充分尊重智慧图书馆时代读者的真实需求，努力创新服务模式和提高服务能力为读者提供良好的环境、便捷的阅读方式。同时智慧图书馆要以读者为本，更加注重给提供读者舒适的交互式交流条件。除了利用智慧图书馆所提供的智慧软硬件设备，高校图书馆自身需要提高全体馆员的综合业务素质，致力于馆员的终身学习，能够利用智慧图书馆的先进技术深度挖掘读者需求，继而开展满足读者需求的读者交互式服务工作。

第二章 智慧图书馆服务的理论研究

第一节 高校图书馆智慧服务初探

就当前高校图书馆智慧应用而言，其主要体现在智慧服务与建设两个方面。针对高校图书馆的智慧服务，还需要考虑到其服务的主要内容，这样才能够找到有效的途径，让高校图书馆的智慧服务能够顺利地实施下去。

智慧图书馆主要是通过物联网和互联网相互衔接的模式，在图书馆之中运用智能技术，从而提升图书馆的知识服务水平，最终营造出一个更加智能化的知识阅读空间，从而满足读者最大限度的需求。

一、高校图书馆智慧服务的内容

（一）提供科学研究的服务

首先，提供知识导航，服务参与重大课题项目研究的科研型读者。有了知识导航，读者就可以基于各种显性和隐性的信息资源，通过设备与馆藏文献，经历对相关书刊进行搜集、评价、解决疑难的一个过程。同时，智能图书馆不仅仅可以满足借阅性的服务，同时还能够利用一条龙式、全程化的服务，为其实施课题研究提供信息推介、专题资料、课题查新等一系列跟踪式的服务，这样也能够帮助其更好的节约时间，做出更多优秀的成果。

（二）提供专业学习和教学研究的服务

智慧图书馆作为以人为本，将信息传递和科学技术作为基础而发展，其智慧服务就是最基本的功能。智慧图书馆主要是参与学习的一个过程，利用虚拟信息的传递，就可以记录上课的内容，并且做好仔细的分析与整理，最终为师生提供详细的学习资料；新媒体的融入能够创造出智慧课堂，通过高新科学技术，就可以满足创新学习，让学生产生较大的兴趣，在情景交融中提升课堂效率；通过学校科教资源的综合，也能够分析学校的重点发展情况，分析和比较教师和学生的实际，最终满足学生对于知识吸收度的提升，这样不仅可以实现学科发展动向的预判，同时也能够加深学科研究的广度与深度；智慧图书馆能够积极融入教学成效评估，基于物联网，再配合云计算、大数据等技术，就可以满足教学成效的评价以及对应的跟踪。

二、高校图书馆智慧服务发展的策略

针对高校图书馆智慧服务的发展，还需要重点考虑到下述几个方面的内容：

（一）提供数据挖掘与分析

在当前的大数据时代下，数据与分析作为服务类型，其数据分析服务就成为图书馆需要的关键性功能。数据服务是基于大数据环境下图书馆服务在形式与内容上的创新，其重点不在于数据究竟有多大，而是在于数据本身的价值。这一种价值能够提供图书馆精准的数据，方便图书馆的管理和为用户提供服务。通过机器学习以及图挖掘技术，就可以实现学科知识图谱的分析与挖掘，提供导航、检索、推荐等一系列服务。在图书馆智慧服务领域，大数据挖掘与分析发挥的作用也越来越明显。

（二）以人为本，主动出击

作为高校图书馆，还需要坚持以人为本的原则，在大数据背景下能够将思想观念从原本"重藏轻用"逐渐转移到"重用轻藏"的智慧服务理念上来，基于用户作为中心，开展个性化的服务，这样就可以建立面向一线的服务机制，并且通过高新的网络技术和信息技术，为用户提供更全面的智慧服务。尤其是大数据资源的分析与利用来推动图书馆服务，这样就可以让其拥有更高的智慧服务专业化程度，激发服务效能，最终满足高校师生的需求。

（三）建立知识共享机制

隐性知识在当前的网络信息环境之下拥有较高的价值。高校图书馆在进行隐性知识挖掘过程中，还需要直接让其显性化，可以应用搜集到的无形资源，确保在深度上、质量上能够满足知识服务的提升。同时，这也将数据与信息对待的方面加以明确，在利用知识之后，就可以获取对应的结果。自身馆员的隐性知识线性化是目前高校不可或缺的财富之一，作为高校图书馆，就需要对隐性知识的重要性加以认识，能够实施对应的管理与应用，这样就可以建立出针对性的评估体系和环境。在图书馆内部，也需要营造一个相互学习与交流的大环境，确保知识服务质量能够进一步提高。

（四）建立知识资源库一站式服务

在当前的网络环境下，基于资源建设作为基础的图书馆知识服务，还需要从海量的信息资源之中基于客户的实际需求来做好知识的提炼，这属于更为高层次的信息服务。伴随着网络信息技术的发展，图书馆服务时空出现一定程度的变化，而在知识服务进程之中，网络信息服务就成为关键之点。对于馆藏资源，应该做好对应的利用与保护处理，这是事实知识服务的主要项目，但是并非是唯一。图书馆需要有效的调整其服务策略和理念，实现对应的服务方式转型，与时代对应，利用技术和机制的创新，这样就能够基于用户特点来做好知识资源库的开发，最终挖掘隐性知识，实施数字化网络信息数据库的开发，并且引入各种成熟的网络资源，注重彼此之间的衔接，最终提供一站式的服务。在和用户的相互交流中，也需要对用户的实际需求有一个全面的了解，能够更具神对象的建立满足用户知识服务的资源库，最终满足用户特殊的信息需求。

（五）特色资源的创新服务

在网络环境下，高校图书馆服务离不开特色资源这一根本，特色资源与传统模式下的图书馆文献有一定的差距，在内容上也具有独特性，高校图书馆就需要充分挖掘其特色资源和服务，能够针对特色专业与学科完善馆藏数字化的处理，并且实现对特色资源数据库的建立健全，最终利用图书馆丰富的知识资源，从而让知识服务更具特色性。基于用户的实际需求，还需要针对信息内容进行对应的整理与概括，这样才能够让知识服务产品满足高效的、可用的需求。

总而言之，随着网络信息化技术的持续发展，对于图书馆创新服务的要求也在持续的提升中，考虑到原有的图书馆信息资源本身优势不再那么明显，所以，就需要考虑到技术与机制方面的合理创新，实现服务的转型，这是当前需要重点考虑的问题。当服务的理念、服务的内容以及服务的方式出现改变之后，应重新构建网络信息资源服务平台，这样也就能够满足用户最为深层次的服务需求。

第二节 高校智慧图书馆个性化服务

从以人为本提供个性化服务的理念出发，智慧图书馆个性化的服务模式在新时代符合大众化、个性化服务的要求。突破传统的管理和服务理念，实现智慧化的服务和管理，使图书馆的资源不受时间与空间制约，为用户提供更深层次的知识服务。

一、研究背景

高校图书馆是科研、辅助教学的信息集散地，是知识传承与创造的文化中心，是信息传递和共享的资源中心。图书馆在科学技术发展和人文意识的健全完善过程中受新理念、新技术及信息资源快速增长的影响，依托地缘优势，结合办学方向和特色办馆的理念，把智能建筑与自动化管理有机结合于新馆建设。图书馆以丰富的纸质资源和数字资源为坚实后盾，先进的技术设备为依托，本着以人为本的服务理念提供个性化服务，利用ICT技术，实现各种信息的电算化、远程阅览、预约等，突破图书馆传统的管理及服务理念，通过物联网实现智慧化的服务和管理，使图书馆的资源不受时间与空间制约，提高灵活性及响应速度，尽力满足用户的个性化需求。

二、高校智慧图书馆的个性化服务及优势

构建高校智慧图书馆，为广大用户提供更广泛、便捷的服务，充分发挥文献信息资源集散地的作用，提高资源利用率。智慧图书馆服务体现在智能设备的引入、智能信息技术的应用、用户服务理念的转变和智慧馆员的加入，通过技术、资源、集群和服务的智慧化，实现个性化的服务。构建高校智慧图书馆，完善个性化服务，是提升形象的有效途径，巩固作为重要文化阵地、信息中心地位的最好方式。

高校智慧图书馆提供个性化服务的优势体现在资源、专业，以及技术上。首先，从资源角度来看，丰富的信息资源是提供个性化服务的基础。图书馆藏书的种类较多，具有较强的专业性，也有依据办学方向而设的重点建设的特色

馆藏资源，这些都是创建个性化服务的基础。从专业角度来看，高校图书馆馆员是具有较高文化层次的教师及科研人员，能够保证个性化服务质量的同时，对信息资源的提供有一定的深度及广度。在现代技术发展和电子资源普及的信息化社会，对信息资源的需求更具针对性。从技术角度来看，高校智慧图书馆的自动化、网络化建设和现代化设施日益完善，是个性化服务良好的技术保障。

三、构建个性化服务的意义和作用

目前，一些高校对智慧图书馆的认知不够，大多数高校图书馆碍于技术能力、硬件设施、资源数量和人力、财力等方面的制约，不能满足向"智慧图书馆"转型的条件。所以，在保证图书馆正常运转的物理设备等硬件设施和技术支撑的前提下，构建智慧化的平台，完善可应用的服务体系。通过现代化技术改进信息管理系统、信息服务系统等，达到智慧图书馆构建的要求。采用虚拟现实技术、物联网技术、数据挖掘等技术，实现图书馆系统平台与智慧化设施的整合。通过文献资源信息化与数字化加工处理，形成一个大型的图书馆服务网络，突破时间和空间限制，实现资源共享。改善高校图书馆传统服务模式和服务效率低的现状，构建更"智慧"的服务模式，实现服务模式的"个性化"。

构建高校智慧图书馆个性化服务是一个系统性工程，需要配置最先进的设备，采用最先进的技术，完善图书馆馆藏资源、技术平台，提高馆员能力等。本着为用户提供更加智慧的个性化知识服务，从图书馆自动化基础服务延伸到课题服务，深入开展特色资源服务。通过不断研究探索，利用 RFID 技术的精准定位和自助借还图书等功能实现更智慧的、个性化的服务。智慧图书馆依托 RFID 的技术优势，使馆藏资源得以开放化，打破了时间、空间的束缚，通过终端点的推送等功能实现图书的系统远程管理与实时流转可能。实现高效、便利、互联互通的服务目标，实现创新发展、转型发展和可持续发展。

服务宗旨及目标。基于新馆建设的契机，本着以人为本提供个性化服务的宗旨，采用智慧化的服务和管理，从服务和管理上突破传统理念。图书馆分别设有多个不同功能的区域，如检索区、阅览室、密集书库、研讨室、数码工作室等。最大限度地满足用户对图书借阅、咨询、检索、复印、多媒体使用等多类型、多层次资源及空间的需要。RFID 技术作为构建智慧图书馆，提供个性化服务的基础技术设施，将集网络化、数字化、信息化、智能化于一体的馆藏资源不受时间与空间制约，实现为用户提供个性、多元、便捷、协同、共享等深层次知识服务的目标。

基础服务。智慧型馆舍设计建设是图书馆提供服务的基础和保障，云技术和物联网建立的智慧服务系统实现了管理上的优化，合理划分的办公及服务区域，实现了办公区域最小化，服务区域最大化，充分体现了图书馆读者至上的服务理念。

通过现阶段使用物联网和 RFID 技术，对馆藏的定位、导航、分类、盘点进行智慧化图书馆平台建设。操作系统、云计算及存储等物联网技术可实现智能信息处理功能；数字资源的智能搜索整合、数字资源挖掘、纸质资源数字化等技术可实现数字信息资源建设功能；图书馆 OPAC 系统融入 RFID、4G 等相关技术形成的智慧服务系统，能够实现为用户提供个性化的信息服务与资源搜索功能。为满足用户多样化需求，采用 RFID 技术能够协助用户自主完成借、还、预约和推荐图书等，使图书馆基础服务模式得到改进，实现由传统人工服务的模式向现代化自助服务模式转型，读者对信息资源的获取由主动到被动方式的转变，促进图书流通借阅率，节约了读者的时间成本，更好地体现图书馆与用户的交互性。

高校智慧图书馆个性化的基础服务，是将智慧图书馆理念融入管理和具体服务中，不仅仅是创建一个系统或者网站。通过智慧图书馆的技术平台，为用户提供包括虚拟咨询、互动交流、个人定制、协作查询、信息推送等一站式服务。另外，技术平台的资源精确定位与智能分类、盘点等功能可将传统手工式的图书分类、盘点、上架、剔除等工作转变为自动化辅助形式。个性化服务力求满足用户实际的信息需求，并利用信息通信技术解决实际问题。构建整合各种网络资源、信息平台、应用内容及解决方案和策略，是服务提供者要考虑及解决的重点问题。从服务的使用者来说，图书馆必须提供让用户放心且安全的环境，使用户能够随时、随地、方便地通过图书馆网络来满足信息需求。

课题服务。高校智慧图书馆的课题服务是辅助教学和科研需求的延伸。为满足考研、公务员考试及课题研究等需求，设置 VIP 用户，开设绿色通道，并对图书借阅的数量及时间进行合理调整。通过加强馆员专业知识及现代化技术的综合培训，提高智慧化的服务能力，使馆员不仅掌握智慧图书馆系统使用，熟悉馆藏资源，还能进行知识分析、信息挖掘，可以根据课题的研究方向、内容和进度调集信息资源，为用户提供有针对性的、个性化的知识服务，满足课题研究的信息资源需求。

课题服务，是图书馆根据科研人员提出馆舍或图书等相关资源申请后，建立档案并提供有针对性的服务项目。通过交流，馆员对研究主题、专业等进行了解分析，通过检索搜集研究需要的各种文献资源，并按课题进度更新后定时推荐给科研人员。提供课题服务的同时做好相应记录，为课题的结题和智慧图书馆课题服务工作的研究提供材料。

做好课题服务，需要加大资源建设力度，加强馆员的综合素质培养，提高对原始信息内涵进行挖掘及定向定量分析的能力，实现更加专业化、个性化的知识服务。

特色服务。依托图书馆门户网站，结合已有的俄文特色馆藏资源、地方文献资源和先进技术，根据发展需要开拓新的服务项目，为用户提供网络检索、学科及资源推送等服务，能够按用户的需求提供具有馆藏特色的信息资源和不同主题功能完备的馆舍。如VIP考研室、课题研究室、俄文图书室、地方文献室、书吧等。

特色服务是图书馆为不同层次的不同人数的用户或群体提供相应的主题馆舍、设备及文献资源的系列服务。用户通过多种形式向图书馆提出申请，图书馆在主题馆舍内按用户需求信息提供家具、设备，以及相关主题的纸质资源、数字资源和网络资源等。

在提供服务的基础上，建立特色服务数据库，将提供的服务系统、完整有序地保存并积累，形成新的特色馆藏。通过不断完善的特色服务，提高图书馆的核心竞争力和高品质服务水平。

在以物联网为基础的庞大信息资源检索与获取平台上，高校智慧图书馆聚合并提供创造新的信息资源，构建更智慧、更深层次、多元化的个性化服务，实现人与人、人与图书馆、人与书广泛的互联互通。在为用户提供更加方便、快捷、高效、智慧的个性化服务的同时，有效提升图书馆形象，巩固图书馆作为文化、信息中心的地位。目前，个性化服务从组织架构到软硬件的规划，还需要在实践过程中不断改进。希望随着构建智慧图书馆理论与实践工作的不断深入，个性化、多样化、专业化服务在物联网、云计算和大数据等现代技术的不断发展中得到更好的创新和发展。

第三节　高校图书馆智慧信息服务

在新时代环境下，正是融汇了信息与创新元素，让高校图书馆以智慧信息服务模式的姿态冲撞人们的视角，智慧信息化一跃为图书馆发展的新方向，本节重点分析高校图书馆智慧信息服务模式，智能化的智慧图书馆成为高校图书馆追求的理想方向。

当前，各高校图书馆都在追求图书馆信息化、智能化和网络化，高校智慧图书馆聚集了理想效率、轻捷、物联的优点，在图书馆智慧信息服务模式下，让读者融合在图书资源中，通过与图书馆员进行有效的了解，真实地发挥出智慧信息服务模式的作用，促使智慧笼罩着服务，使图书馆获得全方位的发展。

智慧图书馆不受于空间的限制，是可以真实地被感受到的，是一种广泛互联的图书馆，这种融合性的图书馆既包含了新旧的融合、跨界的融合、多样的融合，又是数字图书馆与物联网相结合而成的新型图书馆，它兼顾了二者全部的优势。人物互联是智慧图书馆的重心所在，其源于智能化、数字化和网络化，智慧图书馆的精彩之处是让知识服务上升到了智慧服务，智慧服务是把服务作为核心点，技术和资源都是为它而服务的，服务最终是为了让读者自由想象，迸发灵感，拓展思维，进而获得智慧。

一、实现智慧图书馆服务需要的条件

（一）技术条件

要实现智慧服务，必须有丰富的技术条件作为支撑，计算机网络技术、通信技术、遥感技术以及物联网技术和云计算等都应该具备。图书馆具备了相应的技术，能够节约很多资源，通过无线视频识别技术，智慧图书馆可以不用人参与，便自动来完成工作，积极开发移动设备上的应用技术，让用户凭借移动设备便可以享受到图书馆的服务，而其他技术的运用，可以把读者、馆员、资源与空间融合在一起，确保真实地体验智慧服务。

（二）资源条件

图书馆具有丰富的信息资源，具备物理资源、数字资源和文献资源，而文献资源是必须具备的，根据用户的需求，重组一些独具匠心的资源，以方便用户需要。对于文献资源要具备电子型、可印刷型等，而数字资源需要保证用户无论在哪都能查询到，因此，在图书馆中一定要设置先进的计算机和移动设备，能够快速帮助用户获得想要的资源。

（三）服务条件

服务是在技术和资源的基础上进行的，虽然服务是无形的，但是，可以真切地被用户感受到，读者都具有丰富的需求，因此，服务要具有多样性，才不会让读者失望。服务包括馆内服务和馆外服务，还体现在学科服务、文献服务等服务上，即使不具备同样的形式，但却传递着同一个智慧服务理念。智慧服务强调的是人与人之间，人与物之间的彼此联系，每一次的服务，用户可以与馆员和其他读者彼此交流，进而学到知识。

二、高校图书馆智慧信息服务的体现方式

（一）知识性的图书馆智慧信息服务

知识性服务具备了三种观点：一是"知识经济导入型"，二是"核心能力竞争型"，三是"比较扬弃型"。目前，大多数用户在自己需求方面没有明确的信息，对服务又是一知半解，因此，高校图书馆智慧信息服务不单单只限于满足用户表面上的需求，更应该深入探寻出用户埋藏在内心深处的需求。

(二)智能性的图书馆智慧信息服务

智能性图书馆智慧信息服务体现的是信息化以及数字化的图书馆文献资源,它是集智能与技术为一体的,对图书馆中的服务实行布局,让图书馆中洋溢着知识和信息。图书馆智慧信息服务是以图书馆技术与智能为基础的,而智慧图书馆其实就是互联图书馆、高效图书馆、共享图书馆等。

(三)理念性的图书馆智慧信息服务

理念性图书馆智慧信息服务,其实是我们常说的馆员的无私奉献理念以及具备的职业道德素养,而图书馆人的工作方式、服务理念、职业道德素养和学术研究都是图书馆的智慧服务的重要体现,他们正确对待自己的价值与职业精神,把它们融入实际的工作里,即为所说的图书馆的智慧信息服务。

三、智慧信息服务模式在高校图书馆中的应用

(一)提高图书馆员素质,推进"一站式"服务

1. 设置智慧服务学科馆员制度

高校图书馆要达到长远的发展,依赖的是高素质的服务团队,要做到智慧服务,图书馆员处于核心影响元素,因此,要强化馆员培训,丰富馆员的知识,指导馆员熟练操作计算机,提高对咨询系统的操作能力。

2. 建立"一站式"的学科服务体制

高校图书馆馆员及时对知识进行梳理,重新排列整合,创建一站式学科信息服务,使各个学科进行细致与深化,让读者接收到最新形式的知识,读者能够感受到知识的象征性、规律性,进而可以快速地将知识清楚地掌握与利用。

(二)搭建先进的信息技术服务平台

之前高校图书馆以传递知识服务和信息服务的自动化为主,而智慧信息服

务追求的是精细化的知识服务，需要新设备以及网络环境支持，进而达到高校图书馆用户的智慧服务。智慧服务是要做到对文献能进行二次加工与分析，对知识进行重新排列、整合、更新，此过程要做到一体化服务。

（三）建立公共服务体系，达到资源共享

高校智慧图书馆最大的优势是资源共享，图书馆可以借助市场化以及产业化的形式，创建利益平衡机制。高校智慧图书馆的智慧信息服务强调的是一种无拘无束、敞开和谐的状态，最在乎的是读者，为满足读者，高校图书馆只有适时创新服务理念，丰富服务内容，提升服务质量，选择最新的服务设施，才可以确保读者、馆员与资源之间的完美互动，满足读者的信息需求，进而促使高校图书馆以最理想的姿态向前发展。

第四节 高校智慧图书馆读者服务的构建

通过对智慧图书馆的形式和特征进行阐释，分析目前我国高校在智慧图书馆建设过程中尚未完全解决的一些问题，并提出接下来高校应如何通过提高读者服务质量来构建智慧图书馆，以期为高校图书馆事业的建设和发展提供有价值的参考依据。

随着互联网、大数据等信息技术的高速发展和广泛应用，各行各业都在向信息化、智能化转型，我国各类图书馆也开始积极向智慧型图书馆的模式转变。而高校图书馆承担着为祖国培养优秀人才的重任，更应注重以读者为本，不断优化读者服务质量，更好地构建出高校智慧型图书馆。

一、智慧图书馆的态度

2001年，智慧图书馆网络管理系统在澳大利亚昆士兰州立图书馆投入使用，标志着世界上第一个物理实体和虚拟网络共存的智慧图书馆就此诞生。2003年，芬兰大学图书馆首次明确了智慧图书馆的概念，即智慧图书馆是由实体图书馆和虚拟管理内容共同构成的、可被感知的移动图书馆。此后，智慧图书馆的理念逐渐受到教育界广泛关注，各大高校纷纷开始投入建设，以期打造出具有如下特征的高校智慧图书馆。

互联互通化。智慧图书馆的互联互通化是指以图书馆为中心，与相关者建立多维度的全面连接关系。图书馆各项工作的进行可以采取多方协同的方式，以此大幅度提升服务质量和服务效率，具体做法是：图书馆馆际之间、与用户之间、以及和各种信息服务机构之间要搭建出良好的信息交流渠道，实现信息的实时获取和传递。图书馆应通过信息化手段代替传统人工操作的管理模式，用信息设备将资料有序存储并科学整合，将相关信息和知识有机连接，从而使用户能准确检索到所需内容及相关内容。如此，突破时间、空间、地域的限制，将信息知识深度整合成知识网络，实现高度的信息共享，是智慧图书馆的主要特征。

高度集群化。图书馆应通过信息技术手段优化馆内资源管理模式及服务用户的方式，通过向集群化的方向发展来扩充图书馆资源规模并提升服务效率。智慧图书馆高度集群化的具体表现为：传统的图书馆馆藏资源十分有限，而智慧图书馆的馆藏资源能通过集群得到很大程度的扩充，其中含有内容丰富的数据库、网络课程及电子文献等资源，能更好地满足读者的差异化需求。

信息获取便利化。智慧图书馆利用信息技术和通信技术，能为读者提供无线、泛在化的借阅环境，使读者在任意时间地点都能获取到想要的信息。这种智慧图书馆的全天候、无障碍服务模式能为读者提供十分便利的服务，体现出智慧图书馆以人为本的服务原则。

服务个性化。智慧图书馆读者服务的关键目的就是将文献、信息、知识进行加工整理，实现用户与图书馆的智能连接，提供符合读者需求的个性化服务。这服务要求馆员能利用数据分析技术对读者偏好和特点进行全面分析和把握，进而为读者提供更加精准的服务。

二、我国高校读者服务普遍存在的不足

馆藏资源量不足，且利用率不高。目前，我国高校图书馆馆藏资源不足的具体表现为：图书馆资源门类不够丰富，尤其是非综合类高校通常以自身的研究类型作为图书馆主要馆藏内容，严重制约了学生的兴趣爱好及全面发展；数字资源量不足，特别是国外的专业期刊和文献资源往往不够丰富；馆际交流的平台搭建不够完善，缺乏信息共享，使资源利用率不高。

馆员的服务能力制约了图书馆的智慧化发展。高校图书馆向智慧化的方向发展离不开图书馆员的操作和支持，而智慧图书馆为馆员的综合素质提出了更高的要求。基于智慧图书馆的发展理念，馆员不仅要熟练掌握专业的图书馆学知识，具备较好的图书馆服务意识，还应具备相应的计算机技术和互联网应用等技术。智慧化读者服务平台要求图书馆的相关技术人员准确把握用户的资源需求情况，定制出符合用户特征的专项阅读计划等服务内容，实现主动、精准的服务。而高校图书馆计算机操控人员的相关技术水平往往达不到个性化服务的要求，因此，不能有效发挥智慧图书馆读者服务的优势。虽然高校经常开设图书馆管理相关的讲座和学习活动，但其作用往往局限于提高馆员服务意识和

增长见识的层面，而不能对其专业技术进行有效优化。

图书馆的服务仍存在较大局限性。相比而言，国内一些开设了图书情报及图书馆相关专业的高校都比较注重智慧图书馆建设，但大部分高校的图书馆服务适用范围还仅限于校园内，也就是说，学生对图书馆资源的访问只能在校内通过校园网进行。但很多时候，学生在校外也需要获取知网、万方等数据库的资源，而很多高校没有提供 VPN 校外访问功能，使图书馆的跨区域使用受到了很大限制。

用户信息素养不足，阻碍了智慧图书馆的建设。目前，我国一些高校图书馆都在大力发展智慧图书馆建设，并取得了可观的效果。但学校对学生信息素养的培育仍存在诸多不足，这就使学生不能很好地进行信息检索和利用图书馆提供的服务，导致图书馆效用不能得到充分发挥。智慧图书馆的建设和使用两个方面如果不能很好地协调配合，就不能及时发现建设过程中的不足，进而会反过来制约智慧图书馆的建设进程。

三、高校智慧图书馆读者服务模式的构建策略

丰富馆藏资源，提高利用效率。第一，各大高校图书馆可以通过增强校际合作来实现馆藏资源的流通共享，提高资源的易得易用性。第二，学校应根据学生需要的内容类型，加大资金投入，扩充学校图书馆的数据资源库。第三，高校图书馆可以将各种服务资源通过智慧化设备进行整合、加工、分类、处理，最终存储在云图书馆中。第四，还应完善 VPN 校外访问服务，让学生可以借助校外网络不受时空限制地利用图书馆资源。第五，高校要注意对学生的信息素养进行培养，帮助其掌握信息检索和信息筛查等关键技术，使智慧图书馆的功能得到更好地利用。高校图书馆做到以上几点，可以极大地丰富馆藏资源量，

提高资源利用效率。

建立健全"智慧馆员"服务体系。具有良好综合素质和专业技能的图书馆员是推动高校智慧图书馆读者服务建设的中坚力量。目前，我国大部分高校图书馆馆员缺乏与智慧图书馆相匹配的职业素养，严重制约了智慧图书馆的发展进程。在完善"智慧馆员"体系时，高校图书馆应注意以下两项工作：一是要明确图书馆员的责任和义务，由于智慧图书馆与互联网技术密不可分，因此，智慧馆员要在做好传统图书馆服务的基础上，能熟练运用计算机技术操作高校智慧图书馆管理系统。二是高校应加强对图书馆员的培训工作，深化馆员服务意识，提升其数字化技术水平。

加强个性化读者服务。阮冈纳赞的图书馆学五定律中指出：书是为了用的。而个性化的读者服务恰恰体现出这种"以读者为本"的图书馆服务思想。高校图书馆如果能在传统服务的基础上，拓展诸如预约服务、图书借还提示服务、垂直门户服务等，就能更好地体现出智慧图书馆的优势。比如，在借阅服务中，高校图书馆可以通过大数据分析工具，了解读者的借阅需求，按照读者喜好和习惯制定个性化服务内容并提供主动化服务，以增强用户借阅体验。

建立反馈机制，优化服务水平。服务是双向的，图书馆应根据读者需求及时调整服务模式和服务内容，以求更好地满足读者需要。尤其高校在进行图书馆管理的过程中，应搭建图书馆和读者之间的双向交流通道，即不仅要向读者提供良好的图书馆服务，还应建立相关的反馈机制，通过听取读者合理的意见和建议，不断完善图书馆服务体系，提升读者服务质量。

智慧图书馆的建设为高校的教育事业注入了新的活力，也使高校图书馆的发展面临着核心变革。各大高校应合理采取现代化信息技术，提升图书馆的读者服务效率和服务质量，通过面向用户的、无线网络连接、个性化读者服务体系，为用户提供更加便捷可靠的图书资源，进而有效推动高校智慧图书馆建设事业的稳步发展。

第五节　高校图书馆智慧服务的优化

图书馆对于高校的教学和发展具有重要的意义，不仅可以为学生和教师提供获取知识的途径，而且对于辅助高校教学和营造学习氛围起到了重要作用。随着高校教学的不断改革，对图书馆智慧服务的需求越来越高，因此在论述当前高校图书馆智慧服务现存问题的基础上，进而提出了推动高校图书馆智慧服务的优化措施，更好地为高校的教学活动提供支持。

一、高校图书馆智慧服务现存的问题

智慧服务基础设施不够完善。智慧服务的开展需要依靠基础设施进行，但是目前高校图书馆智慧服务基础设施建设还不够完善，主要体现在：第一，基础设施数量不足。大多数高校为了尝试向智慧服务的方向发展，购买了一些智能外部设施，但是设施的数量明显不足，读者需要排长队才能够使用，导致很多人没有尝试智慧服务设施的机会。第二，基础设施的智能化程度不够。很多基础设施只是一些智能终端收集相关数据，然后上报给图书馆的控制系统，距离真正的自动化、智能化还有很遥远的距离。

智慧服务的种类较为单一。智慧服务的种类单一也是很多高校图书馆智慧化道路中的明显问题，主要体现在：第一，高校图书馆对一些常用的基础服务实施了智能化的转变，例如：增加了自主检索设备，可以根据多种条件进行查询，帮助读者快速找到想要的书籍。但是，其他类型的服务智能化程度还比较

低，无法为用户提供更好的服务体验。第二，读者个性化的智慧服务尚未体现，不同的读者具有不同的兴趣爱好，需要的阅读体验也是不同的，所以需要为其提供更多个性化的服务。但是，高校图书馆智慧服务的过程中，尚未根据读者的个性化信息进行智能推荐。

资源共享程度非常低。图书馆是为读者提供知识的地方，而随着社会的发展，知识的积累速度飞快，尤其是网络时代的发展，使得知识和信息的量级呈现爆炸式增长。但是，高校图书馆智慧服务中，资源的共享程度非常低：第一，不同高校图书馆之间的资源交流和共享的程度比较低，很多图书馆依然存在封闭服务的情况，只针对本校的教师和学生提供阅读服务，不对外提供阅读资源。第二，大多数的高校图书馆为了确保书籍知识的正确性，都是采用人工采购图书的方式，所以读者无法将自己阅读的优秀书籍共享出去，导致信息的交流和传递速度比较慢，影响了高校图书馆职能的发挥。

二、高校图书馆智慧服务的优化措施

提高对图书馆智慧服务的重视。信息社会的发展，使得很多服务可以向着自助化、智能化的方向发展，在节约人力资源的同时，也可以更好地提高服务体验。高校图书馆作为服务型的角色，为读者提供智慧服务可以更好地满足读者的需求，提高服务效率，降低人力成本。所以，为了更好地优化高校图书馆智慧服务，就需要提高重视程度：第一，高校需要为图书馆智慧服务的建设过程提供支持，包括资金方面、建设人员方面等多项支持，将智慧服务的优化工作提上日程，尽快推动智慧服务的建设和优化工作。第二，营造高校图书馆智慧服务的推广氛围，利用校园文化这一纽带，对图书馆智慧服务的意义进行宣传，鼓励教师和学生使用智慧服务并提出相关的意见，可以更好地优化和完善智慧服务的内容。第三，采购足够的智能终端，让教师和学生有更多的机会参与到智慧服务的体验当中；同时，提高终端的智能级别，可以实现"一站式"服务，给予读者更好的阅读体验。

推动智慧服务种类的多样化。当前，大多数高校图书馆智慧服务还停留在初级阶段，智慧服务的种类和质量都有待提高，因此在优化智慧服务时，需要推动服务类型的多样化：第一，对于常规服务的智慧化建设工作来讲，可以通过对读者的需求进行深入调研，鼓励教师和学生对智慧服务的建设工作提出意见，表达他们对智慧服务的要求，建设人员认真听取并落实到建设过程中，能够推动智慧服务种类的不断增加。第二，对个性化智慧服务的建设工作来讲，需要通过多种途径对用户的行为进行收集，然后深入分析和挖掘用户的兴趣爱好，根据用户的兴趣爱好推荐相关的服务，从而更好地体现智慧服务的个性化特征。第三，可以建立实时沟通的平台，让读者和图书馆管理人员进行及时沟通，启发管理人员增加智慧服务的种类，认识到服务中存在的问题和不足，及时进行智慧服务的优化工作，为读者带来更好的阅读体验。

构建智慧服务的专业队伍。为了更好地支持高校图书馆智慧服务的优化工作，需要构建专业的管理队伍，为此可以做到以下几点：第一，招聘具有智慧服务相关经验的人员，利用他们丰富的经验，对高校图书馆智慧服务的优化工作进行指导，能够实现以读者为中心的智慧体系的构建，提高用户的阅读体验，使得用户获取知识的途径变得更加简单。第二，构建完善的激励机制，对图书馆管理人员进行考核，对表现优异的员工进行表彰，从而形成良好的工作氛围，不断推动图书馆智慧服务的优化进程；对于不符合工作需要的员工给予相应的处罚，能够对其他员工起到更好的警示作用。第三，建立智慧服务相关的培训机制：一是对图书馆管理人员进行相关的技能培训，使其能够更好地掌握智慧服务的流程、设备的使用等。二是宣传智慧服务的使用方式，可以让用户快速掌握使用方法，并积极参与到体验活动中。

智慧服务的协同发展。在过去，高校图书馆主要是为教师和学生提供阅读服务的场所，校外人员无权享受借阅服务。但是，随着高校图书馆智慧服务的不断优化，人们开始认识到进行知识和资源共享的重要性，借此推动智慧服务的协同发展：第一，不同高校的图书馆之间可以进行资源共享，除了线下的图书资源调配服务之外，还可以使用线上服务的相关功能，为有需要的读者提供更加全面的智慧服务。第二，对读者开放资源共享的权限，一方面，对于纸质版资料来讲，图书馆需要进行严格的审核，避免其中出现错误或者不健康的内容，审核完毕之后可以进行资源分享。另一方面，对于读者分享的在线资源，图书馆应该明确使用权问题，避免产生版权纠纷；而且由于网络中的资源质量差异较大，还需要对这些信息的真实性、严谨性等进行考察。

综上所述，在高校图书馆智慧服务的开展过程中，智慧服务基础设施不够完善、智慧服务内容单一以及资源共享程度较低等问题，都制约着高校图书馆智慧服务工作水平的进一步提升，为此，高校图书馆有必要提高对图书馆智慧服务的重视、推动智慧服务种类的多样化发展，并在构建智慧服务专业队伍、提升资源共享水平的基础上，为高校图书馆智慧服务的发展奠定良好的人力基础与资源基础。

第六节　民办高校智慧图书馆服务

众所周知，民办高校图书馆是学校的支柱单位，也是学校的文献信息中心，是在教学和科研中不可或缺的学术型机构。随着民办高校的发展，民办高校图书馆也在不断地发展和壮大。现在的民办高校图书馆已经在朝着智慧图书馆的方向发展，虽然目前还面临一些问题，但仍然前景可期。本节从民办高校智慧图书馆的内涵和动因为出发点，分析了民办高校智慧图书馆在规模以及服务上面的定位，也分析了做好民办高校智慧图书馆的几大途径。

一、民办高校智慧图书馆建设的内涵与动因

随着我国相关法律法规的完善，我国的民办高校开始快速发展，进入了一条更光明的发展轨道，这成为我国教育事业的另一个发力点。民办高校作为办学的三大支柱之一，图书馆建设也开始显得尤其重要。但是目前因为我国民办高校的图书馆建设还并没有达到较高的水准，还有很长的路要走，所以在建设过程中一定要跟得上国际先进水平，积极和数字化有所关联，将智慧图书馆的理念引入到图书馆建设当中，这样就可以做到有效提高民办高校图书馆的整体实力。智慧图书馆的内涵有以下几个方面：首先是互联网，接入不了互联网的图书馆就像是一潭死水一样，没有任何新鲜的活力，如果没有互联网的及时更新，也不能给予学生更好的学习体验。接着是高效，既然引入了更加智慧的管理模式，就应该变得更加高效，而那些过于冗余的事情都应该消失。最后是便利，便利是智慧图书馆的含义，也是最终的目的，因为只有便利才会使得整体的阅读学习体验变得更加顺畅和舒服，大家也全都愿意来图书馆进行学习。

民办高校智慧图书馆的兴建有几方面的动因，也正是这些原因，使智慧图书馆兴建这件事情开始被提上日程，并逐渐深入。前面所提到的几大动因有以下几点：第一，现在互联网技术和智能实现程度都比较高，可以说目前已经达到了较高的应用水准，很多硬件的成本也都降到了大家可以接受的水平，也就是说现在技术和硬件条件现在已经具备，没有太多的障碍。第二，现在的民办高校办馆条件较差，需要一些创新力量的加入。很多高校图书馆办馆的目的只

是为了评估而去办，但确从来没有想到，整体图书馆藏书以及智慧化的构建其实都并不占优势，再加上整体的经费比较少，因此一些有利于师生的服务更是能省略就省略。第三，在图书馆真正可以好好工作的专业人才缺乏。关于图书馆的管理是一门学问，所以在图书馆内部工作的工作人员应该具备更专业的能力，因为这些工作人员在管理好图书馆的同时，也还要能够提供不错的服务。图书馆的人才构成中，本科以上学历的人员应该高于一半以上，但是在民办学校当中这个比例就相对比较低，甚至可以说很少有这方面专业的人才。所以这就加快了智慧和互联网技术加入其中的步伐，使图书馆得以更好地管理。

二、民办高校智慧图书馆建设的定位

（一）规模方面

既然是民办高校的智慧图书馆，那在规模上应该达到较高的水准。首先是馆舍面积，根据教育部的一些文件规定，在校生达到0.8万到1.5万的高校，应该有1.6万到3万平方米的馆舍，所以民办高校智慧图书馆的馆舍面积不应低于1.6万平方米。然后是建馆经费，虽然民办高校筹措资金并没有公办学校容易，但是也应该想办法在图书馆的建设上筹措到更多的资金，使智慧图书馆的构想可以实现。

（二）服务方面

图书馆的服务永远是最重要的主题，民办图书馆也是如此，正是因为这样，才更应该提高服务水平，创新服务形式。图书馆是服务于读者的，也是要根据读者的需求去调整的。在服务上面的创新与提高主要应该表现在以下几个方面：第一，个性互动服务方面。图书馆可以开展网上问答、线上读书知识竞赛、微信服务、QQ咨询等等服务和趣味竞赛活动来加强图书馆在线上的服务水准，这样就可以充分满足读者和学生的个性需求。第二，读者服务方面，图书馆是学习和读书的地方，所以在这两个读者最关心的方面去提高服务水平更容易被读者接受。可以通过设立馆报、开设一些讲座、进行电子书阅读器租借等等方式来提高图书馆的核心服务水平，使读者和学生更喜欢在图书馆里读书学习。第三，育人服务方面。在这方面可以开展一些诸如读书协会、信息素养课程使大学生参与到图书馆的建设中来，将学生对于图书馆的情感用各种活动去增进，也使图书馆担负起更重的育人责任。

三、搞好民办高校智慧图书馆建设的有效途径

（一）应当以不同模式引入不同的数据库

图书馆最重要的就是图书和资料的馆藏。现在的民办图书馆最大的一个问题就是馆藏数量不足，所以在民办高校智慧图书馆的建设过程中应该增加图书馆藏书的数量，也应该进行更大规模的数据库建设。在数据库的建设过程中，应当注重将不同类型的图书和资料电子化，也应该在不同模式之下引入不同的数据库，这样才合适于不同的学习研究需要，也适合于不同的模式。在整体的数据库建设中，也要注意特色数据库建设以及网上虚拟资源建设，使实体图书资源和虚拟资源共同为高校建设服务。数据库多了，图书多了，图书馆的整体实力也就上去了，这样才会有更多的读者和学生愿意来图书馆。

（二）结合实际自建具有本校办学特色的数据库

在数据库建设时还要注意学校本身特色数据库的建立。民办高校的图书馆应该有图书馆普遍都有的图书与馆藏，但是也应该根据自己本校的特点和特色建设一些独有的数据库，这也代表了学校的学术水平和特别实力。民办高校一般是在某一方面或者某几方面有独特优势的学校，所以应该在图书馆的数据库

建设中体现出来这一点。这样有利于人才的培养，也有利于整个学校教学体系的发展。

（三）在服务与利用方面应当注重个性化和主动服务

智慧图书馆既然被称为智慧，那就是可以发现每个在图书馆中人的不同之处，并根据这些不同进行较为个性化的服务，学生和到馆人员可以通过图书馆对于其身份的检索，在自动化、智能化技术的加持下，更快速找到自己想要的书和资料，并且可以有多种多样的操作方式，比如手机APP，网上续借，新生入馆教育，社交平台自动化和个性化服务等等，这样的一些自动化和智能化措施，使读者在图书馆内可以更高效地进行借书和阅读，即使不到馆也可以享受到较好的服务，充分满足了不同读者的不同需求，体现了个性化。

在智慧图书馆的建设过程中，应当不断创新服务水平，增加主动服务能力。使现代信息技术在图书馆中不会水土不服，而是应该发挥出更大的能力，使服务手段以及服务方式有一个本质的变化。随着民办高校图书馆向智能化发展，整个图书馆的服务重心已经从图书借还向多层次信息咨询和个性化主动服务层面去发展。

民办高校图书馆使学校的文献和图书中心，应该给师生一个更好更智慧的体验，也应该逐渐提高自己的服务水平。民办高校智慧图书馆的建设，应该根据学校的定位去建设，根据学校育人的目的和宗旨去建设，也应该朝着健全服务体系，增加馆藏图书和数据库的目标去建设。使民办高校的图书馆可以真正为全校师生提供更好的服务，满足学校对于人才培养和各类科研任务的需求。真正变得更加智慧。

第三章 智慧图书馆服务方式

第一节 大数据时代高校智慧图书馆服务

社会的不断发展进步，加速了大数据时代的到来，在这样的环境中，如何不断提升移动增强现实技术在高校指挥图书馆中的应用水平就成为一项极为重要的工作。本节深入分析了移动增强现实技术在高校智慧图书馆中的应用，并针对这一技术发展过程中存在的问题展开了详细的阐述，希望能够使高校智慧图书馆的服务方式、服务内容以及服务范围都能够得到更好的优化。

20 世纪 90 年代，美国波音公司的首席科学家提出了移动增强现实技术这一理念，而我国将其理解为扩展实境。移动增强现实技术是虚拟现实技术进一步发展的结果，其实质就是将从计算机中得到的各种基础信息和现实世界对比，然后对移动增强现实技术进行强化和扩张。通过使用移动增强现实技术，可以使人们对现实环境有一个更好的认识。不仅如此，这一技术的发展对于高校智慧图书馆的建立和发展也有着十分积极的作用。作者分析了移动增强现实技术在高校智慧图书馆中的具体作用。

一、移动增强现实技术的概述

移动增强现实技术也叫作混合现实技术，它是将虚拟和现实进行联系的技术。移动增强现实技术是借助各种二进制信息构建的空间，这便使得人们可以同时处于现实和虚拟两个环境中，使用移动增强现实技术使得这两个世界能够实现很好的融合。我们所生活的现实世界是真实和客观存在的，但是虚拟世界的特征却是灵活性比较强的世界，因此所受到的局限也比较小。虚拟世界和现实世界是两个独立的个体，而如何借助移动增强现实技术实现这两个世界的融合，结合双方的优点就是人们研究的主要方向。结合现今计算机行业的发展，可以发现现今的静态图面一般都是借助多媒体来体现的，是由文字到有图解说的变化，同时也是虚拟世界更倾向于现实世界的体现。日常生活中，很多商场的外墙、会场的屏幕、展台等都会有电脑显示屏，且电脑和智能手机的不断发展，也意味着今后新技术的应用范围会不断扩大。

二、移动增强现实技术在高校智慧图书馆中的应用

国外图书馆对于移动增强现实技术的应用较为广泛。在移动终端平台快速发展的基础上，移动增强现实技术得到了商业化应用，使用移动增强现实技术可以实现现实世界和虚拟世界的融合。可是，现今我国移动增强现实技术的发展还处于起步阶段，因此在图书馆中的应用还不够广泛，国外的一些图书馆及机构做得相对较好。芬兰大学的图书馆在 2003 年就使用了定位功能，其应用方式就是将图书馆的方位通过地图的形式展现出来，用户便可以方便快捷地确定图书的位置。这些年来，在移动增强现实技术的前提下，智能图书馆开始发展起来，这种图书馆的发展是将 RFID 移动增强现实技术和移动增强现实技术、Wifi 移动增强现实技术结合起来达到定位追踪的目标，并且需要使用视频来确定图书的具体位置。美国的移动增强现实技术、North 移动增强现实技术、Carolina 移动增强现实技术、State 移动增强现实技术 University 的图书馆中存有大量的图片，因此也建立了具有很多移动增强现实技术的数据库，这样便能够使移动增强现实技术应用程序的移动性更强。

三、移动图书馆技术的具体应用

（1）现实系统总体结构性能更佳。移动增强现实技术的主要工作内容包括场景采集、跟踪注册、虚拟场景移动增强现实技术发生器、虚实合成、显示等系统，而人机交互界面等子系统则构成了典型的 AR 系统。这里我们所说的场景一般都是在获取到周边环境的摄录图像以及视频后对其进行处理所得到的。跟踪注册系统一般是用来观察用户头部及其视线的方向。虚拟图形绘制则是将显示场景中存在的虚拟图像予以图形化，然后再将之前获得的现实场景与虚拟图像进行定位，这便是虚拟合成系统的主要功能。整个移动增强现实技术的工作原理为：1）输入系统在对输入的图像进行处理后，得到一个实景空间。2）对于计算机处理得到的虚拟图像，使用几何一致的开放式形式将其加到之前的实景空间内，实现虚实结合，进而增强现实环境。3）融合后的景象需要使用显示系统向用户展现。4）用户需要借助交互设备完成效果和现实场景。实现精准的虚实结合、并科学地进行注册和输出设备显示就成为一项十分重要的工作。

（2）促进移动图书馆实现的技术。

首先，不断深入移动增强现实技术的应用研究。

移动增强现实技术在实际应用的过程中，所使用的技术主要有标志识别技术、顶点提取技术、三维注册技术、相机融合技术四种技术。其中三维注册技术研究是借助标芯性物体的二维图像和二维注册实现顶点提取以及标志识别的目标，三维注册则是结合二维图像的坐标重新建立。相机融合需要对几何图形进行融合后获得其黑白二值图，使用黑色边框包围更容易识别多边形的白色填充。使用相机融合技术能够很好地将虚拟物体叠加到图像中的人工标志上，以起到非常好的虚实相加效果。在识别出相机空间的三个顶点坐标后，进行一定的旋转或者是位移后，便会因标识信息的差异而呈现出不同的形式。若系统有标志物且标志物的类型多样时，则不应将其局限在简单的基础模板上，还需要加入一些文字或者是图片，并且应该包括现实环境中的物体。在发展智慧图书馆时，必须不断深入这方面的研究，只有这样才能够不断提升图书馆的智能程度，使其能够更好地为人们服务。

其次，智慧图书馆的标识识别系统。为了使图书馆内的图片、图书等都能够第一时间被检索出来，必须不断提升标识识别系统的精确性。工作过程中应当把握好以下几点：

一是使用摄像机头进行视频图像的搜集工作时，需要对信息开展二值化处理，这样才能够将收集到的信息变成简化了的图像，并有效地缩减数据量，在进行彩色到黑白的转化工作时，必须对识别区域的轮廓进行突出处理。

二是将二值化后的图形实行分割，并在图像连接的位置进行标识，在对标识进行观察后便可以得到需要标识的具体位置。不仅如此，在对二值化连接区域进行提取时，一般需要使用连通区域法。这一工作法的具体原理就是将选中图像相邻两个位置的像素灰度值相同时，则确定其为联通的。在对面积进行确定时，连接好各个像素点坐标后便能够完成面积的计算。

三是在数据获取的环节，会有很强的不稳定性，且所提取出的视频图像一般都是长方形或者是正方形的，所以，为了保证解码步骤的效果，一定要确保所获得的是规则的正方形。

通过本节的分析可以知道，在智慧图书馆中使用移动增强现实技术可以很好地完成导读、定位服务、信息摄像服务等内容，可以很好地实现真实环境和各类资源的信息合成，这对于图书馆的发展有着很大的影响，因此其发展前景是一片大好的。但是,在对移动增强现实技术进行推广研究时,一定要注重提升应用的便捷性并注重服务的个性化,这样才能够促进智慧图书馆的普及,使其能够更好地为师生服务。

第二节 "双一流"背景下高校智慧图书馆服务

近年来,随着社会经济发展,人才战略价值越发突出,其培育工作得到了党中央高度重视,随即提出"双一流"建设决策,为高等教育发展指明了方向。应用型高校作为高等教育的重要组成,理应积极响应政策号召,为推进"双一流"建设做出多方面努力,在此过程中智慧图书馆发挥着不可替代的作用。本节基于对"双一流"战略及智慧图书馆等相关概念的释读,分析了"双一流"背景下应用型高校智慧图书馆服务发展现状,并就其服务创新进行了重点研究。

经济全球化视域下,尽快建成一批世界一流大学和一流学科,是当下高等教育发展的重点方向,对提升我国综合竞争实力有着非凡意义,为实现伟大复兴中国梦铺筑了道路。"双一流"背景下,图书馆作为高等教育不可或缺的资源支撑,应当紧跟时代发展潮流,通过资源、技术、管理等多个方面的转型升级,打造智慧图书馆,实现服务创新,最大限度地释放自身价值。

一、相关概念释读

"双一流"建设为高校图书馆转型升级创造了新的契机,而智慧图书馆则为之发展指明了方向。思想是行为的先导,对"双一流"战略及智慧图书馆的概念认知,为"双一流"背景下高校智慧图书馆服务创新实践奠定了基础,其有关表述如下。

"双一流"战略。所谓"双一流"即是指一流大学和一流学科,其作为党中央及国务院联合提出的全新教育战略决策,对提升我国高等教育水平有着非凡的价值意义。早在我国提出"211 工程""985 工程"之后,为了进一步突出学科的导向性,各类高校逐步加强了"特色重点学科项目"建设,并得到了国家的大力支持。事实上亦取得了显著成绩,与国际教育水平之间的差距不断缩小,为"双一流"建设打下了坚实基础。为了进一步规范高等教育发展行为,2015 年国务院审批通过了《统筹推进世界一流大学和一流学科建设总体方案》,明确提出了"双一流"建设必须遵循四项基本原则,即坚持以一流为目标、以学科为基础、以绩效为杠杆、以改革为动力,同时着眼于"两个 100 年"战略目标,旨在提升我国高等教育发展水平,继而增强国家核心竞争力。在此过程中,图书馆作为高校教学、科研服务的重点单位,应积极参与"双一流"建设,并提供强大的智力支持。

智慧图书馆。最早由芬兰提出的"智慧图书馆"理念,是伴随着信息技术发展产生的,现已在全世界范围内得到推广,并引发了各类学者的热议,从不同维度做出了论述。王世伟(2011)指出,智慧图书馆的实质是数字惠民,以信息技术手段为依托,强调科学发展,互联和便利是其最突出的特征。[1] 严栋(2010)等认为,智慧图书馆依托各种先进信息技术,构筑了一种智慧模式,转变了用户与图书馆之间的互通方式,最终达到智慧化服务的目的。[2] 综合来讲,学术界虽然对智慧图书馆尚未达成概念上的统一,但对其功能定位基本形成了共识,它较之前数字图书馆有着更高的硬件需求和技术要求,是更高级的综合性信息系统,强调"以人为本"为理念先导,实现物理空间与信息内容全面互

---

[1] 王世伟.面向未来的公共图书馆问学问道[M].上海:上海社会科学院出版社,2020.
[2] 严栋.智慧图书馆概论[M].大连:辽宁师范大学出版社,2021.

联,为学生提供形式多样、效率高效、个性新奇的服务。由此看来,智慧图书馆不仅是教育技术的突破,更是服务理念及模式的创新,其作为一项系统化工程,需注重各个层面的智慧化建设,包括建筑、感知、管理、服务以及沟通等,如此才能更好地适应"双一流"发展要求。

二、应用型高校智慧图书馆服务发展现状

近年来,随着高等教育普及化、大众化,加之国家系列政策引导与支持,高校经历了一个快速的规模扩张过程,生源数量同步增长,对图书馆服务需求及要求越来越高,推动了创新发展。客观维度上讲,"双一流"背景下,智慧服务理念不断深入,在高校图书馆中的创新实践得以相继开展,并取得了一定进展和突破,但是由于此项建设仍旧处于试点阶段,个中问题层出不穷。具体而言,一是很多高校图书馆服务效率偏低,未有完全发挥出智慧服务的优势。尽管高校已然建立起了较为完备的图书馆管理体系,并且积累了大量有效服务经验,但是由于信息化水平有限,学生借阅服务方面仍旧需要管理人员的操作补充,增加了流程复杂性,导致工作效率普遍偏低。二是智慧图书馆框架结构下,阅读时间和空间成本的大幅压缩,使得服务群体持续扩张,很多高校开始面向社会开放,一定程度上增加了服务内容,对馆藏资源提出了更多要求,又由于服务压力倍增,导致管理人员面临着更加严峻的挑战。三是智慧图书馆的重要特征是感知性,然而高校封闭被动的服务方式,降低了资源利用率,客户服务体验不佳。

三、应用型高校智慧图书馆服务创新策略

在宏观"双一流"战略背景下,应用型高校智慧图书馆服务创新尤为必要,为高等教育水平提升铺筑了道路,其作为一项系统化工程,需从多个方面做出

努力。作者基于上述分析，结合应用型高校实际情况，针对性地提出以下几种有效践行策略，以供参考和借鉴。

完善顶层设计。应用型高校作为人才培育主阵地，肩负着不可推卸的责任，需紧跟时代发展潮流，基于我党系列政策战略导向，加速智慧图书馆服务创新，无限拉近与"双一流"目标之间的距离。有经验表明，科学的规划与完善的制度是稳步推进应用型高校智慧图书馆服务创新的保障和关键。具体而言，"双一流"背景下，应用型高校需重新定位智慧图书馆服务目标及任务，谋划全局，制定科学的总体战略规划，指引服务管理创新，最终为实现可持续发展铺筑道路。基于此，一方面，应用型高校应着重强调软硬件环境建设到组织管理结构的统筹协调，依托物联网技术支持，加强共建共享，促进图书馆机构与其他部门之间的沟通合作，并适度下放决策权，简化内部流程，通过建立开放的扁平化模式，激发服务主体创新能动力。另一方面，建立科学的绩效考核制度和激励制度，综合审查图书馆工作人员服务思想、行为，树立榜样典范，给予适度的物质奖励和精神奖励，注重人本关怀渗透，激励其更多服务创新行为，进而在良好的文化氛围下，提升智慧图书馆整体服务水平。

重视人才建设。知识经济时代，人才是推动社会创新发展的核心要素，为应用型高校智慧图书馆建设提供了必要的智力支持。尤其是网络信息环境下，人才已然成了应用型高校办馆的重要资源和首要财富。从某种维度上讲，馆员作为应用型高校智慧图书馆服务工作的主体，扮演着多重身份角色，既是情报信息和各类知识的载体，又是信息库的建设者和管理者，同时还是高质量信息产品的生产者，发挥了连接信息资源与读者纽带的作用。"双一流"背景下，应用型高校智慧图书馆服务体系建设，必须要依赖高素质的人才队伍，对其提出了更多、更高要求。新时期，合格的图书馆工作者不仅要具备丰富的工作经验和高度的责任意识，还需具备一定信息技术知识和科学文化素养。对此，一是应用型高校必须要清醒地认识到人才战略地位，充分发挥自身优势，可通过招募志愿者等方式，吸引更多优秀人才参与智慧图书馆服务创新建设，不断丰富人才资源结构，同时为广大学生群体提供更加良好的锻炼环境。二是应用型高校需加强对既有图书馆管理人员的培训教育工作，及时更新他们的思想理念，端正其工作态度，树立高度的责任意识，基于智慧图书馆服务创新目标导向，不断丰富馆员知识涵养，分享有效实践经验，全方位提升其综合能力素质。

导入先进科技。"双一流"背景下，应用型高校智慧图书馆应注重文献资源数字化、传播载体多样化以及服务手段多样化，这些功能性目标实现均需依托先进技术的强力支持。信息化时代，计算机、互联网等技术应用改变了人们的生产生活方式，并为之提供了便捷性服务体验，主导了新一期的教育变革潮流。尤其是随着"双一流"建设推进，应用型高校图书馆服务对象、内容及范围急速扩张，对先进科技的导入，有效提升其智慧化水平，使师生得到良好的服务体验。在具体的践行过程中，一是应用型高校需从硬件设备布置和软件系统优化两方面做出有效举动，合理优化数据资源，定期组织传感器和通讯系统的完整性检测，及时了解建筑内温度、适度、光线、噪音等动态变化情况，实现全程可无人化状态工作。二是为了更好地服务客户，实现一流学科建设目标，应用型高校智慧图书馆还需致力于学科知识共享平台建设，利用信息技术对其元数据层进行描述，依据用户使用规律及习惯，对馆藏资源进行学科化的加工和标识，并提供全文检索服务。三是为确保信息安全，应用型高校智慧图书馆还需设立健全的访问控制机制，定期或不定期更新后台运行网络服务，有效防止用户恶意下载使用等情况，树立学生正确的思想情感和三观认知。

丰富馆藏资源。书籍是知识的海洋，更是推进应用型高校一流学科建设的重要资本。"双一流"建设背景下，应用型高校智慧图书馆体现在两个方面，即文献资源的数字化和虚拟资源智慧化，应基于既有馆藏资源，不断丰富其种类构成，便于师生更加广泛的应用。在具体的践行过程中，一所高校的图书馆资源毕竟有限，并且不会有特别充裕的资金支持，对此，应用型高校可考虑与其他院校联合，购置更多图书，同时共享共建数据库，将馆藏资源这个"蛋糕"做大，让广大师生群体享受到其便捷性、丰富性服务体验。在此基础上，应用型高校还需加强数字化、智慧化的资源建设，可依托 RFID 管理结构，将传统纸质文献资料经过扫描解码转化为数字信息，让更多学生或其他借阅者方便实时查阅，不用再担心文献被借走。同时，应用型高校智慧图书馆还需加强对 PC 或移动终端服务设计，实现远程订阅功能。如此，在物联网架构下对图书馆收藏资源进行合理采编和规划，有效提升了服务管理水平，降低了相关工作人员压力，同时还进一步扩展了服务对象范围，有利于所处区域的文献保障和服务建设，馆藏资源利用率达到了更高层次。另外，应用型高校智慧图书馆还能够收集用户借阅信息，通过大数据分析和云计算技术对其喜好进行智能分析，针对性地提供个性化阅读计划方案，提高资源服务的互动性。

优化工作模式。在有限的课堂教学时间内，多数学生并不能有效完成各学科学习要求，还需课外自主学习弥足。同时，对于教师而言，为了紧跟时代潮流，有效支撑"双一流"建设，亦需终身学习不断深化自己的专业知识和职业素养。图书馆的功能价值得以体现，为师生学习提供了良好的氛围环境。因此，面向"双一流"建设，应用型高校智慧图书馆服务创新需进行全面升级，深度挖掘泛在化的知识，精准解析用户行为背后折射出的需求，进而为之提供高品质、高价值的服务。基于此，应用型高校可充分借鉴其他院校成功经验，依托交互式网络教学平台，构建虚拟学习社区，促进学生之间及师生间的自主交流，使之获得更加丰富的知识积累。同时，根据国务院办公厅《关于深化高等学校创新创业教育改革的实施意见》(2015年)，高校的工作任务核心在于培育全面发展的高素质人才，倡导学生个性发展，某种维度上，这亦是"双一流"建设的终极价值追求。对此，应用型高校需积极响应国家政策号召，依托智慧图书馆，联合教务处、人事处、信息化处等各个相关部门，建立全校教师信息库，面向全体学生开放，为之提供随时随地的创新创业教育引导服务，丰满图书馆创新服务结构。同时还可以留学生服务为突破口，加强与国际一流教育的对接，汲取有效经验，加速自身国际化进程。

总而言之，"双一流"背景下应用型高校智慧图书馆服务创新十分重要和必要，其作为一项系统化实践工程，应注重完善顶层设计、加强人才建设、导入先进科技、丰富馆藏资源、优化工作模式，最终实现整个运行结构的转型升级，提高综合服务水平。

第三节 "互联网+"背景下智慧图书馆服务

随着"互联网+"的广泛运用和"智慧地球"概念的提出，我国图书馆界服务理念开始转型，逐步进入智慧化服务阶段。智慧图书馆强调"以人为本"，以数字化、网络化、智能化的信息技术为基础，以开放、互联、便利为主要特征，结合深层次的情境感知为读者提供更符合需求的智慧信息资源和人性化服务，从而实现精准服务。智慧图书馆的服务模式，已经是当今高校图书馆界研究、发展的重要对象。

当今各高校图书馆都在逐步加强图书馆信息化、自动化和网络化建设，馆舍配备计算机终端，兴建内部网络，建设图书馆自动化集成系统，引入联机公共目录查询系统(OPAC)等,提升了图书馆信息传递和信息服务能力。互联网的产生与发展,使得许多的传统图书馆逐渐向数字图书馆变化,再随着互联网与物联网的飞速发展和融合,使得新一代基于物联网的图书馆—"智慧图书馆"诞生。

智慧图书馆是我们图书馆发展的新形态,是基于新的信息技术的、具有人工智能的一个知识服务系统,让读者随时、随地、随心享受到图书馆资源的便利性,享受阅读的快乐。我们可从三个角度来理解它的含义:从智能计算角度来看,智慧图书馆=图书馆+物联网+云计算+智能化设备,它通过物联网来实现智慧化的服务和管理;从数字图书馆服务的角度来看,智慧图书馆是指充分利用 ICT 技术,以运行进程阅览图书资料,预约座位等操作的数字图书馆;从感知的角度来看,智慧图书馆是感知智慧化和数字图书馆服务智慧化的综合。

一、智慧图书馆服务理念

立体互联。智慧图书馆能够使用多种通信手段、多种通信网络、利用各种信息技术来实现图书馆、书籍、信息资源和读者之间的广泛互联,并将外界其他信息机构也联通起来,实现全方位的共享交流。

全面感知。智慧图书馆是一个综合性的智能化系统,包含着先进的智能设施、信息技术和服务理念。

建筑智能化。通过对图书馆的建筑和馆内的各种设备嵌入智能装置和程序,实现对图书馆整体的一个综合管理和集中智能化控制。通过系统智能化的进行消防工作和保卫工作,系统能监测图书馆内的空气质量,能自动通风和消毒,确保室内的空气环境和人员的健康,它还能对温度、湿度、照明度加以智慧调节，控制背景噪音，为读者提供一个相当舒适的环境。同时，智能化建筑使得图书馆自身、图书馆内各种机器设备在运行、保养、维护等方面更具优势，从而优化人力和物质资源的配置，达到降低成本、节能减排的目的。

信息资源智能化。将馆藏资源存储在"云"上，不需要像传统图书馆那样由图书馆集成系统厂商提供。读者访问和使用图书馆的资源也不局限于计算机，可以使用其他智能化的移动设备。

服务智慧化。通过物联网和互联网以及云计算，智慧图书馆能够把各项图书馆事务处理联系在一起，建立起一个智慧服务系统。通过感知技术还可以跟踪调查用户的阅读习惯，自动识别和感知用户的位置及其当前所从事的学习、研究、工作内容，使图书馆员能根据读者的个性特征和实际需求及时向读者推荐个性化服务，同时提供三维实景地图导航服务、语音导航服务、机器人导航服务等。

智慧服务。出版社可以在书中植入芯片，这样图书馆的采编部门可以省去图书编辑工作，而流通部门只需要利用RFID技术，将扫描器一一扫过图书便可以轻松地完成入库工作。读者可通过图书馆检索系统查找所需图书，根据提供的图书相关信息到书架上进行查找，图书借助内嵌芯片给出响应，这样读者就能找到所需图书位置。读者通过自助借还书系统，只需要将自己的借阅证或者手机放到自助系统感应区上，系统就会自动完成借还操作，即方便了读者，也减少了工作人员的负担。

协同与共享。智慧图书馆不是仅靠一家图书馆独立建成的，还需要与其他图书馆建立资源共享和协同合作。各高校图书馆可以通过互联网和物联网进行信息资源的全面共享，利用信息技术对各校图书馆进行协同管理。共享的信息资源能够随着数据库的更新而更新，某个智慧图书馆的信息资源有变化，其他智慧图书馆检索得到的信息结果也会变化。

二、高校智慧图书馆的服务模式

以人为本的个性化服务模式。图书馆嵌入式服务是一种协同互动的服务模式,借助物理嵌入和虚拟嵌入两种方式,将图书馆服务嵌入到需要信息服务的各个环节,从而提供泛在化的信息服务。

智慧图书馆可以将用户在虚拟环境下的信息行为和在图书馆实体环境下的信息行为相结合,将馆藏文献基本信息与用户档案信息相结合,构建能全面、真实反映用户个性特征和需求特征的用户模型,并通过智能移动设备和感知技术自动识别、感知用户的位置及其当前所从事的学习、研究和工作内容,主动地推送关联信息,提供真正全方位的个性化服务。

多时间与多空间结合的多元化服务模式。多时间、多空间的服务模式是智慧图书馆服务的时间延伸和空间拓展。我们知道传统图书馆的开放时间是有限的,但智慧图书馆凭借数字化、网络化和智能化的基础技术建设,能做到全天候的开发,不间断地为广大读者提供信息服务。智慧图书馆在互联网和物联网的支持下,借助云技术打破空间的约束与限制,利用云地两端搭建的现代远程服务平台。读者们利用智能设备就能够在任何地方利用图书馆资源。

高度智能化的创新服务模式。智慧图书馆与以往的图书馆最大的不同就是,把智能技术融入图书馆的建设之中,智慧图书馆是拥有智能建筑与智能化管理系统的创新数字图书馆。所以智慧图书馆提供的服务也是具有高度智能化和创新意义的服务。

智能门禁系统。智能门禁系统主要的功能是图书馆入馆数据统计和图书防盗。馆员和读者都通过智能借阅卡刷卡入馆,系统自动识别将门打开并获取人员相关信息,数据立刻传递到图书馆的信息管理系统中。系统通过连接相关信息进行数据统计，可以得出各类人员的入馆次数和时间。并且系统还会通过整理读者借阅信息向读者的手机、邮箱等推送馆内相关服务。若有读者携带未办理借阅手续的书籍通过门禁系统，则会触发警报器。

智能导航服务。进入图书馆后，智慧图书馆为对图书馆布局不熟悉的读者提供三维实景地图导航服务。导航将图书馆按比例实景呈现，读者可通过触屏点击各个功能区进行查看。甚至可以提供无控制台的导览服务、语音导航服务、机器人导航服务等。

自助选座服务。读者通过自助选座设备，刷卡查看图书馆座位并进行选座，已选定的位置不能再被选择。学生离馆经过门禁刷卡时，系统会自动释放该座位。系统还提供"暂时离座"功能，为需要临时离开的读者保留座位，超时后再释放座位。运用自动座位选择系统，可以在图书馆高峰期避免读者之间产生矛盾，解决了以往的不文明占座行为，提高了图书馆座位的使用率，方便了读者。

书刊的智能管理。对图书馆所有纸质书刊进行技术改造，在芯片中装一个发光管和声音芯片，通过仪器感应可以发出声光响应。这样读者可以利用图书检索仪器去书架上查找所需图书，而且图书管理人员只要通过在图书检索器中输入要检查数据信息，然后沿着书架依次扫描，就能根据发出的声光响应来发现错误的排架和查询书籍。这样图书馆错架乱架整理工作的效率会大大提高，降低了以往找书整架所消耗的大量精力和时间。

总之，数字图书馆是典藏观的终结，智慧图书馆是"数据生命"的开始；图书馆应在"业务""用户""技术"中寻求智慧图书馆的发展；智慧图书馆是人工智能的广泛应用，只有用技术服务于人，以人文本，才能很好地发展我们的智慧图书馆。

第四节　高校智慧图书馆服务模式的构建

新时代高校读者迫切需求能够提供个性化、移动化和智能化的智慧图书馆。本节首先对高校智慧图书馆及其智慧服务的内涵进行了总结，然后从智慧借阅服务、智慧个性化服务和智慧移动信息服务等三个方面构建了高校智慧图书馆的服务模式，最后介绍了吉安职业技术学院图书馆的智慧化服务实践。

当前高校图书馆面临的现实问题是在智慧时代背景下如何实现由传统借阅向智慧服务转变、由低效手工到灵活智能转变。面对这些现实问题，高校图书馆的服务模式需要变革，新时代要求高校图书馆能够为读者提供智慧化服务。

一、高校智慧图书馆及其智慧服务

高校智慧图书馆的含义："智慧图书馆"是基于物联网技术的发展而提出的，结合国内外学者的观点，我们认为高校智慧图书馆是适应信息技术发展和高校师生信息需求变化的重大转型，是基于高校图书馆功能拓展和服务升级基础上，拟定的一套集高校图书馆馆舍、文献资源、软硬件系统、智慧馆员于一体的崭新信息服务模式。

高校智慧图书馆的智慧服务：高校图书馆的服务是在不断提升的，传统的服务有文献服务、信息服务和知识服务，而如今智慧服务成了高校智慧图书馆的核心服务。智慧服务是指将读者在虚拟环境和实体环境下的信息行为相结合，将馆藏文献基本信息与读者信息相结合，构建能全面、真实反映读者个性特征和需求特征的读者模型，并自动识别和感知读者的位置及其当前所从事的学习、研究、工作内容，主动地为其推送关联信息并提供真正的、全方位的、立体的、适合的个性化服务。

二、高校智慧图书馆服务模式构建

新时代,随着大数据、云计算和人工智能技术的迅猛发展,高校图书馆纷纷提出建设智慧图书馆,本节构建了高校智慧图书馆的三种服务模式。

构建基于 RFID 技术的智慧借阅服务模式:基于 RFID 技术建设的 RFID 智慧图书馆平台可以提供智慧借阅服务。一是手机借书服务,读者通过扫一扫功能扫描馆藏条形码,完成所需图书的借阅。二是图书转借服务,借书人扫描持书人的图书转借二维码,在得到持书人的同意后会将书转借至自己名下,在线上实现图书转借手续。三是图书续借服务,当读者借阅的图书即将到期但是还没有阅读完毕时,可以选择图书续借;四是图书预约服务,当某一种书目下的图书全部处于外借状态,读者可预约该本图书;五是帮我找书服务,当读者在书架上找不到"在馆"图书时,可提交找书申请,图书馆员找到图书后通过智慧图书馆平台告知读者。

构建基于大数据技术的智慧个性化服务模式:基于大数据技术的智慧个性化服务模式是基于高校智慧图书馆平台的,首先感知读者行为数据,然后基于大数据平台分析数据,最后基于分析结果向读者提供智慧化服务。读者访问物理图书馆时,通过馆内射频无线传感器感知读者在馆内的一些行为数据,比如读者在某个阅览室的停留时间、读者的活动区域等,通过对这些数据统计分析,可以知道读者感兴趣的图书和区域,利用数据可以利用如图书馆微信公众平台向读者推送感兴趣的图书或其他文献资源。此外,读者访问虚拟图书馆时,通过智慧平台统一的服务门户感知读者的身份、登录地点、登录时间、浏览的页面、借阅记录等形成大量的读者行为数据,对数据进行大数据挖掘和分析得出读者的阅读兴趣点、阅读习惯等,建立个性化的读者数据共享平台,为读者提供个性化服务。

构建基于自适应网页的智慧移动服务模式：基于自适应网页的智慧移动服务需要智慧图书馆系统服务门户在 PC 端和移动端的数据和应用一致、服务流程和操作也一致。通过建设形式多样的移动端应用平台为读者提供移动信息服务，比如根据读者使用习惯建设微信图书馆、图书馆 APP 等。移动端应用应提供以下一些服务：提供读者查询借阅信息、读者在线续借、预约图书等服务；提供一站式检索服务；提供学科服务，读者可以进行教学与科研等专题资料查看、提问与回复；提供智能推荐服务，根据读者的阅读情况，为读者推荐感兴趣的内容。

三、高校智慧图书馆服务实践

RFID 图书智能借阅服务：高校图书馆应用 RFID 系统在管理上实现自助借还、智慧导航、智能盘点等功能。2016 年 5 月，吉安职业技术学院图书馆建设了 RFID 图书智能管理系统，馆藏纸质图书全部贴上 RFID 芯片，馆内启用了自助借还机，实现了读者自助借还图书和智能查询等服务，自助借极大地提高了读者的借阅效率。我馆还建设了 RFID 图书定位系统，馆内所有的书架粘贴了 RFID 层标和架标，对所有书架上的图书与层标和架标进行关联实现图书定位，读者通过 RFID 图书定位系统可以检索呈现图书在书架的三维图位置，进而快速地找到所要图书。

移动信息服务：为了方便我校读者不受时空限制的获取图书馆的信息资源，我馆 2016 年 10 月正式开通了移动图书馆服务，包含图书、学术期刊、报纸、学术视频等资源，读者可以在线或者下载访问这些资源。此外，移动图书馆还实现了与我馆的 OPAC 系统无缝对接，实现对馆藏纸本资源的检索。读者也可以扫图书馆的电子图书借阅机的图书二维码，把想看的书下载到移动图书馆的书架上阅读。移动图书馆还提供消息推送服务，发送各种新闻、讲座及培训通知、图书到期信息给读者，有利于读者和图书馆的互动交流，体现了智慧图书馆服务的互联互通性。

新时代高校读者更加迫切需要图书馆提供更加快速、便捷和智慧化的服务，所以高校图书馆应该在已有智慧图书馆的理论基础上，积极探索建设符合自身要求和需求的智慧图书馆，不断创新智慧图书馆的服务模式。

第五节　四维度模型的高校智慧图书馆服务

智慧图书馆是高校图书馆未来发展的趋势。对智慧图书馆服务四维度模型进行研究，有利于丰富其服务创新理论；构建高校智慧图书馆服务创新的四维度模型，有利于揭示其服务创新内在规律。研究结果表明，高校智慧图书馆服务创新包含概念创新、界面创新、组织创新和技术创新等四个维度，高校智慧图书馆服务创新应该重视这四个维度的协同创新。

一、研究问题及现状

随着信息技术的飞速发展，以大数据、云计算、物联网技术、人工智能(AI)及区块链等为代表的先进技术对图书馆产生了深远的影响，其影响带给图书馆的绝不仅仅是技术上的革新，还体现在服务维度的扩展。在这样的大背景下，高校图书馆信息资源、用户信息行为、服务环境都在发生广泛而深刻的变革，必将从物理图书馆和数字图书馆走向智慧图书馆，从知识管理转向智慧管理，从知识服务提升到智慧服务。目前，学术界针对智慧图书馆服务的研究基本分为三个方面：第一，对于智慧图书馆服务内涵和价值的阐述，张延贤等认为图书馆智慧服务是图书馆对读者工作的自主选择，可以分为智能性服务、知识性服务和理念性服务，而刘秋让等认为智慧图书馆作为一个开放的体系概念，其自我价值与社会价值相互促进，完美结合。第二，对于智慧图书馆服务模式及策略的探讨，尹克勤等建立了以读者为中心，以物联网、无线传感、云计算为服务手段的服务模式，满足读者一站式检索，知识深度挖掘方面的信息需求；第三，对智慧图书馆个性化服务进行探讨，包括智慧图书馆门户网站建设、全面感知的服务研究、开放获取环境下的服务转型、嵌入式知识对服务影响的探析等。那么，高校图书馆如何发展成为智慧图书馆？以一种什么样的模型更容易实现智慧图书馆？

笔者认为，实现智慧图书馆的关键是创新，服务是高校图书馆立身之本，实质上是对图书馆进行服务创新。学者们对"服务创新"的关注和研究始于20世纪80年代。加德雷指出，服务创新就是寻求一个解决问题的方案、方法、措施，是一个运作过程，并不是一个事物产品，而是将很多不同能力的人力、技术、组织集中起来寻求针对顾客和组织的解决方案。随着研究的深入，服务创新的研究领域逐渐扩张，比尔德贝克等学者在1998年提出服务创新的"四维度模型"，其内容包括新服务概念（维度一）、新的顾客界面（维度二）、新的服务传递系统（维度三）、技术（维度四）。该模型全面地阐述了服务创新的具体维度及维度之间的关系，任何一项服务创新都可以看作模型中四个维度的某种特定组合，全面涵盖服务创新涉及的各种要素。

服务创新四维度模型为服务创新提供完整的概念性框架，任何一项企业服务创新都可以看作模型中四个维度的某种特定组合，实现创新的战略规划。学者们运用该模型根据实际情况选择适合自己的创新模式，基于服务的视角全面揭示旅游、医疗、文化、房地产、学术图书馆等领域的服务创新模式，深化了相关领域服务创新模式探讨，丰富了行业内服务创新的理论体系，为实现相关领域服务创新理论与实践提供了依据及指导。有研究表明，利用服务创新四维度模型有利于构建学术图书馆基本的服务创新理论模型，揭示服务创新内在规律。高校智慧图书馆与学术图书馆有相似之处，具有多维性、系统性、联动性，且智慧图书馆服务有其独特性，应用四维度模型研究智慧图书馆服务创新有利于丰富服务创新理论，揭示服务创新内在规律，更好地实现服务创新的联动性及智慧图书馆的针对性。

二、构建高校智慧图书馆的服务创新四维度模型

高校智慧图书馆服务创新四维度模型以学生、教师等服务对象为中心，以图书馆为主体，以传感器、可穿戴设备、终端等硬件及大数据、云计算等算法为手段，将图书馆的线上资源和线下资源进行整合，从中挖掘服务创新点，最终实现图书馆和服务对象的有效交流互动、服务质量的提高。该模型应当应符合以下要求：首先，深挖各维度的本质特征，以本质特征决定模型在不同情境适用过程中的细微区别，将四个维度有机结合成一个有效的服务产品。其次，建立起智慧图书馆的新服务概念、新顾客界面、新服务传递系统和支撑技术四者之间的有效关联。选择能发挥最佳效果的服务传递系统（服务渠道），将图书馆和服务对象有效连接，注重技术对其他三个维度的支撑作用，使模型各维度的交互方式可以更好地为服务创新这一最终目标服务。最后，将四个维度构成一个完整的系统，并均衡四个维度各自的内容，避免由于某一维度在模型系统中权重过重，或者部分维度缺失导致最终服务产品偏离目标。

综上，构建服务创新四维度模型的总体架构。在模型中，高校图书馆在支撑技术支持下，开发出"新服务概念"，通过新的服务传递系统（服务渠道）

及新的用户界面传递给服务对象,这个传递过程伴随着服务价值的流动;服务对象对新服务产品的体验感受和对服务的需求向智慧图书馆传递,用于不断改善服务产品。

三、高校智慧图书馆服务创新及四维度模型的完善

维度一:新服务概念。高校图书馆是提供服务产品的主体,是进行服务创新、创造服务价值的主体。这种创新并不是生产实体产品,而是由服务对象所驱动提出解决问题的方案或者概念,保证创新服务产品比竞争者提供的产品具有更强的竞争力,对服务对象有更强的吸引力,保障服务创新结果的有效性。新服务概念包含理念创新和概念创新两个方面。

理念创新。以人为本的个性化服务。智慧图书馆将"以人为本"作为其发展的核心理念,引入智能技术,构建立体化的服务环境、扩大服务范围、优化服务手段和服务方式,提供人性化、精准化的服务,用户在不知不觉中使用并依赖图书馆。个性化服务是坚持以人为本,通过对不同服务对象的行为分析,为其独特的需求提供精准多样的服务。在这种理念下,智慧图书馆实现了从"人找书"到"书找人",减少了"服务噪声"的干扰,避免了图书馆服务资源的浪费。同时,虚拟现实、增强现实、体感技术等新技术也在不断涌现,充实了图书馆的服务内容,为后期开发更加个性化的服务产品提供技术支撑。这种理念有别于传统图书馆,智慧图书馆的服务从"千人一面"向"千人千面"发展,不同的服务对象可以定制符合自己实际要求的服务。

一站式服务。高校智慧图书馆一站式服务是以用户需求为中心,将图书馆的服务和资源集成、整合,在一个实体空间内满足用户多种需求使其享受到多元、快捷、高效的图书馆服务。实现一站式服务要做到以下方面:第一,所有

软件实现充分互联，用户在任何一个模块登录后，都可以无缝进入其所拥有的软件模块，不需要重复登录。第二，统一数据中心，所有应用子系统、各模块之间高度集成，网页可以和学校其他系统进行集成，实现互联互通、信息共享、安全畅通的高校智慧图书馆服务平台。第三，提供一站式大数据解决方案，并综合各业务系统数据，结合大数据算法，对数据进行统计、分析、输出，使之对用户和管理者的工作、学习提供支撑作用，帮助用户快速搭建大数据分析平台，敏捷制作专属分析报告，并为用户提供灵活的交互式分析操作，在业务协作过程中快速释放数据价值，实现高校智慧图书馆的"一站式"服务。

概念创新。高校智慧图书馆的智慧服务首先体现在智慧的行为，智慧的行为是智慧图书馆的基本特征，体现为全面感知和自我管理。全面感知是利用温湿度传感器、光线感应器、红外传感器等设备和RFID、NFC等信息技术对图书馆设施设备、图书馆内外用户的不同状态予以感知。例如，采用温湿度传感器和光线感应器可以感知馆内环境的变化，自动调节温度湿度和光照强度；GPS、RFID、NFC等技术结合使用，可以准确感知用户位置和移动轨迹、馆藏资源使用频率，汇总形成数据库，为图书馆工作人员决策提供数据支持。自我管理指的是在图书馆实现全面感知的基础上，通过图书馆管理系统分析，实现对图书馆设施设备、资源、人员的有效自动管理，避免了不必要的人为控制与干涉。例如，结合当天室外气温、自然光照强度等数据，将馆内温湿度、光照强度自动调节到人体最为舒适的状态。此外，对馆藏资源使用频率、用户行为数据分析后，可以实现图书等实体资源自动盘点、自动定位、合理排布，电子资源的自动筛选优化、相关度分析、资源推荐等，减少了人工成本，降低了差错率。

更加泛在的关联，利用信息和通信技术(ICT)，在时间和空间维度上向外扩展，构造无线泛在的使用环境。第一，将图书馆内部各类设施设备、馆藏资源、馆员这些形式相异、内容不同的系统通过物联网关联，与服务进行整合，使资源从分散、异构向集约、统一转化，为与图书馆外部系统的连接提供统一接口。第二，服务对象通过图书馆提供的接口能够在任何时间、任何地点以任意方式获取到所需的资源、信息和服务，使图书馆的服务效率和资源使用率最大化，真正做到用户在哪里，图书馆就在哪里。

馆员的智慧对图书馆实现智慧服务有着举足轻重的作用，馆员及其智慧是智慧图书馆开展智慧服务及其智慧管理的核心。高校图书馆在不同发展阶段的业务内容和工作重点是不同的。智慧时代业务架构、业务内容、业务流程等都需要重新建设，业务体系必须重新调整和分配，对馆员的业务能力和素质的要求也相应提高。图书馆员不仅要有规范化的服务技能，还要有智慧服务的能力。所以，在人力资源建设上不仅要有高水平的技术人才，还要有专业的学科馆员，以及全面服务能力的复合型人才。

维度二：新用户界面。原模型新顾客界面指服务提供者与顾客之间交互界面创新。肖斯塔克提出服务交互概念，包括服务人员与顾客的交互、顾客与设备和其他有形物的交互，还包括顾客之间的交互。高校智慧图书馆的服务交互是馆员与用户的接触面，用户与图书馆物品（包括实体与电子的资源、设施设备等）的接触面，用户与用户之间的接触面。服务对象指的是享受智慧图书馆服务的主体。对于高校智慧图书馆来说，服务对象除了本校的学生、教师以及图书馆员工，根据服务深度和广度的差异，还有合作企业的科研人员、校友以及馆际交流的外馆用户等。图书馆应以需求为导向，着重搜集现有服务对象和潜在服务对象的需求信息，做好用户界面设计，将服务推荐给用户，并做好与用户的交流与合作方式的设计。

学生需求的界面设计。学生对智慧图书馆的需求包括两方面：一是学习引起的需求，要求创新服务可以更好地满足学生智慧学习、移动学习的需求。图书馆管理系统根据学生用户个人信息和阅读行为数据挖掘结果，及时更新馆藏资源、门户网站、移动客户端内容信息，提供学习资料的阅读链接或馆藏地址，做到内容更新与教学进度相适应。学生可在图书馆管理系统中完成作业、互动学习、游戏学习、增强现实环境体验等新型学习模式，如上海交通大学图书馆的智慧泛在课堂、天津工业大学图书馆的自主学习智慧学习中心等。二是社交实践引起的需求，要求图书馆提供包含场地、硬件和技术的空间。这个空间应当有舒适的环境、专业工具和馆员，能够激发学生的激情和创新力，满足有相同目标和爱好的用户群特定需求。如智慧共享空间集合了图像、视频、音频编辑器和演示软件，可以满足学生中摄影摄像爱好者的需求；创客空间配备了3D打印机等设备，可以满足学生动手实践的需求。这些图书馆服务为高校学生自主学习、协助学习、自由交流以及创新创业提供了专业的信息知识和平台。

教师需求的界面设计。高校教师的需求包括两方面，一是教学引起的需求，要求图书馆打通教务、教学、课程之间的"经脉"，简化教学与管理工作。图书馆管理系统可与教务系统、课程系统融合，获取教学大纲、课程进度、教学重难点、学生接受程度、考试成绩等信息，提供教学方法建议、学生学习薄弱环节等教学辅助信息。教师能够在图书馆系统中一站式完成教参信息设置、作业与参考书布置、课程安排等工作，如移动信息服务门户，通过在线课程、在线交流、公开课等实现移动教学。二是科研引起的需求。利用大数据技术在网络上抓取热点问题、整理相关资料，如智慧办公区间，采用智能优化算法消除噪声干扰，提高数据有效性，减少查找最新文献及数据耗费的精力。为科研团队创建电子档案，记录成员基本资料、研究方向、项目进度等提供相关的文献资料、学术会议交流活动以及科技查新报告等材料。

馆员需求的界面设计。学者对馆员的研究多集中于核心能力的建设上，馆员是智慧图书馆不可忽视的服务对象之一，是内部服务的重要参与者。馆员需求分为两方面：一是工作引起的需求。图书馆员需要智慧图书馆能够为馆员日常工作服务。例如，基于超高频RFID技术和物联网技术的智能仓储管理可以感知图书位置，实现图书的追踪，也为馆内智慧导航、图书整理排架、智能书架、安全门禁等功能的实现提供可能，减轻馆员工作负担，提高工作效率。二是个人发展引起的需求。基于软硬件技术、组织管理等手段的自助应用服务，将高层次人才从简单劳动岗位中解放出来，转移到学科服务等更高层次知识密集型劳动中，为图书馆员的个人发展提供相应的平台。

其他需求的界面设计。随着智慧图书馆服务深度和广度的延伸，合作企业也会成为智慧图书馆的服务对象。例如，智能知识服务体系，智慧图书馆在进行RFID、NFC等设施设备的更新和升级时，需要向厂家提供以往的馆藏资源数据、读者行为部分数据、图书馆建筑数据等资料，以便厂家提供有针对性的、适应智慧图书馆发展需求的解决方案。此外，还有智能咨询服务，合作企业也可接入智慧图书馆数据库，查询馆藏资源，充实企业智库，以解决企业遇到的专业难题，加深企业与智慧图书馆之间的交流互动。

维度三：新服务传递系统。服务传递系统就是生产和传递服务产品的组织。核心是强调现有的组织机构以及现有员工的能力必须适应新服务的需要，通过组织结构重组和人力资源开发促使创新顺利进行。该维度主要是采用怎样合理有效组织结构把新的服务产品推销给用户。高校图书馆每年花费大量的资金购买资源，策划服务，但是服务对象往往不知情、不会用，主要原因是图书馆和服务对象之间缺乏有效沟通和交流。服务传递系统是指将服务产品从图书馆传递给服务对象的途径与方法,是实现两者交流的主要载体,其能否正常运行成为模型成败的关键。

在高校智慧图书馆服务创新四维度模型中,新服务传递系统由服务推广渠道和服务享受渠道两部分构成。第一,服务推广渠道着重解决服务对象"不知情"的问题,除了采用图书馆员宣传、海报宣传、网页公告等传统形式推广新服务,还可将服务游戏化、比赛化,引导服务对象自觉关注研究新服务。第二,服务享受渠道着重解决服务对象"不会用"的问题,分为正向渠道和逆向渠道两种。正向渠道即主动将服务推送给服务对象,充分利用人力资源、计算机技术,O2O(线上线下)服务逐渐成为图书馆服务传递的主要渠道。例如,挖掘在服务系统中储存的服务对象的阅读习惯、好友群、反馈评价等信息,综合运用人工神经网络、推荐算法、情景建模等技术,预测服务对象未来的阅读行为,通过泛在网络向终端推送所需的资料或服务,根据反馈实时调整服务策略和推送内容;逆向渠道指的是服务对象主动向智慧图书馆申请服务,如在门户网站上嵌入公开课模块,为学生提供在线课程服务等。

维度四:技术。技术贯穿于新服务开发的全过程,为高校智慧图书馆、新顾客界面、新服务传递系统(服务渠道)提供支持,可分为三层。第一层是信息与通信技术、大数据技术、云计算技术、深度学习、机器学习等构成服务系统的底层技术,如一卡通的办理、自助借还、电子阅览、读者导读、网上预约、上网,等等。第二层是网站设计、软件开发等面向服务对象的应用层技术,如无线RFID、图书电磁防盗、自助借还书机等。第三层是数字门户信息管理(包括电子图书、电子期刊、专题库)服务层技术,包括人工神经网络、行为科学、客户关系管理等直接作用于服务对象的技术,如远程访问、参考咨询、资源检索与利用、资源发布、数字管理,等等。在应用支撑技术时,应充分挖掘技术潜力，从而规避自身局限。虚拟现实和增强现实技术作为一项新兴技术，仅用来引导新用户识别图书馆布局显然用途过于单一，应在不同场景中尝试这种技术，充分发挥功能优势。此外，在面对百度学术、文库等这些"竞争对手"时，虚拟现实和增强现实技术也是图书馆独有的重要优势，能够吸引到对这方面感兴趣的服务对象。

本节基于服务创新四维度模型，构建高校智慧图书馆服务创新四维度模型：涵盖理念创新和概念创新的新服务概念，满足各对象需求的多功能、多层次的新顾客界面，重视智慧技术推广与服务对象主动申请智慧服务的新服务传递系统，图书馆服务系统涉及的信息、通信、物联网及面向界面设计与开发的新技术等技术四个维度。此研究构建了高校智慧图书馆服务创新理论模型，有利于服务创新理论与高校智慧图书馆理论之间的有机融合，促进智慧图书馆的研究与发展。由于模型有待时间的验证，读者对创新改善后的服务满意度和忠诚度还缺乏足够的数据支持。因此，对模型应用效果的跟进以及根据用户反馈做出相应的修改将会是下一步研究的重点。

第六节 以师生为中心的高校智慧图书馆服务

本节从如何建立以师生为中心的高校智慧图书馆展开分析，并以此为依据，提出创新个性化服务、提供专业化服务、提供人性化服务的有效措施，旨在基于信息化背景下，高校在进行智慧图书馆建设的过程中，将师生作为基本导向，有效提升服务质量。

目前，我国的信息技术飞速发展，高校图书馆的服务内容也从原有的提供信息与文献转变为提供智慧服务，逐渐成为图书馆的发展趋势。基于此背景下，相关的管理人员要对如何合理的利用大数据技术与新兴媒体展开探究，要注意将师生作为中心，逐渐提供个性化的服务。与传统的图书馆服务不同，智慧图书馆服务将海量的信息资源作为基础内容，并将现代化的设备与技术作为载体，形成图书馆管理员、师生及资源统一的管理体系。利用先进的信息技术，对师生的需求进行掌控，并提供更加优质的服务。

一、将师生作为中心，创新个性化服务

第一，高校在建立智慧图书馆的过程中，要将物联网作为基础内容，并利用云计算技术，结合智慧化的服务设备，逐步增强图书馆服务系统的准确性。在实际的建立过程中，要将师生的智慧提升作为中心内容，还要根据师生的心理认知水平、实际需求，创新个性化的服务模式，在一定程度上加强师生之间、管理员、资源之间的联系。下面以传统的资源检索为例，建立智慧图书馆并不仅仅局限于为师生提供文献与信息，而是能够对检索信息进行解读与分析，帮助师生形成重要的参考报告，并从终端进行导出。第二，建立高校智慧图书馆，能够将服务融入科研工作与学习工作中，还能够通过师生的原始搜索数据，对师生的资源需求与兴趣点有判断，帮助师生建立个性化的电子档案，并根据检索信息收集整理与分析，储存相关的信息内容，在一定程度上保证信息推送的及时性与准确性，为师生提供更加全面的服务。第三，建立智慧图书馆能够减少管理人员的工作压力，通过为师生开放自助借还服务，使师生在学习的过程中不会受到时间与空间的限制，还能够有效激发学生的学习积极性。第四，智慧图书馆的管理人员在为师生提供服务的过程中，应当突破场地的局限，逐步开拓出多样化的管理平台，转变传统的管理与推送，师生被动接受的模式，而是要求师生提出自身需求，并参与到资源建设的过程中，进而创建出高校智慧图书馆。

二、将师生为中心，提供专业化服务

高校在实际的发展过程中，应当遵循教育部发布的规定，高校图书馆的专业馆员不能低于50%，开展智慧化服务的基础就是建立高素质的管理队伍。基于新时代背景下，智慧图书馆不论是在问题咨询还是个性化服务方面，都需要大量的智慧型馆员，只有智慧图书馆的管理人员具有较强的信息技术，才能够满足基本的服务需求。基于此，相关的管理人员就要从丰富自身的知识储备入手，不断更新自身的知识结构，有效提升服务水平，紧跟时代的发展脚步。高校在对馆员进行使用与安排的过程中，要进行适当地分类，根据其是否具备较强的专业知识进行岗位分配。针对智慧素养较高的管理人员，要将其安排在智慧服务系统部门中，并在实际的管理过程中，定期开展技能培训工作；对于智慧素养较低的管理人员，要安排其参加专业性较强的培训工作，不断提升其智慧服务意识。在进行高校图书馆的建设过程中，要进行适当的交流与沟通，不断为师生提供高质量的服务，还要对师生的阅读进行隐私保护，在图书馆内定期开展信息安全素养课程，逐步树立良好的信息安全防范意识。

三、以师生为中心，提供人性化服务

尽管高校在建智慧图书馆的建设过程中将技术作为基础内容，但是相关的管理人员务必要意识到人才是最具体的服务对象。因此，在开展人性化服务的过程中，要注重环境的布置，从藏书设置入手，根据师生的喜爱程度、新书与旧书、重点学科参考书等特点进行摆放。针对新书可以设立专业的展示区，方便师生进行翻阅。在每一层都应当设置桌椅，使师生能够就近阅读，能够对学习知识进行讨论。另外，高校图书馆可以增加音乐文化室、休闲环境及绿色环境等，使师生能够在阅读的过程中得到良好的休息。高校智慧图书馆不仅要为师生提供资源与技术的支持,还要注重将精神品质与智慧结合。基于大数据背景下,进一步体现出协同、创新、和谐的服务理念。在提高图书馆管理效率的基础上,促进师生的知识水平得到显著的提升,为社会发展输送更多的人才。

综上所述,随着智慧图书馆的出现,对于图书馆管理人员的服务意识与水平都提出了更高的要求。随着信息技术的不断进步与发展,师生对于知识生产、知识创新与知识转化的要求逐渐提升。高校图书馆的管理人员要结合时代的发展脚步,不断创新智慧服务新理念,逐渐形成个性化的管理模式,为学生提供更加优质的服务,促进师生的健康长远发展。

第七节 教育现代化背景下高校图书馆智慧服务

教育现代化离不开教育科研的大力支持,高校图书馆作为知识供给和科研工作的重要组成部分,为适应教育现代化要求,要以智慧服务建设为契机,推动高校图书馆的服务转型与全面创新。旨在研究教育现代化背景下的高校图书馆智慧服务的内涵及意义,结合高校图书馆智慧服务存在的问题,探究高校图书馆智慧服务的路径。

2019年2月,中共中央、国务院印发了《中国教育现代化2035》,提出要加快教育信息化、智慧化建设,通过创新教育服务业态,推进教育治理方式变革,构建数字教育资源共建共享机制,为教育管理提供科学决策和精准建议。高校图书馆作为知识供给、师生教学科研工作的重要载体,在人工智能、大数据技术广泛应用以及教育现代化推进背景下,图书馆服务要从被动的图书信息查询向满足师生深层次的知识需求转型。为适应这一全新要求,高校图书馆要以智慧服务为目标,加快智能化建设,将知识推荐、知识挖掘和智慧检索等多元服务内容作为提升图书馆服务质量的突破点，通过构建功能完备、服务精准、运行有效的服务体系，为教育现代化背景下高校人才培养、科学研究提供支撑，推动高校图书馆转型发展与服务创新。

一、高校图书馆智慧服务内涵及意义

在教育现代化背景的引领、推动下，高校要从"规模扩张"转向"内涵发展"。图书馆作为教学科研服务的主要力量，要注重发挥智慧技术优势，以数字化、智能化为基础，提升自身服务能力，实现图书资源的共建共享。

高校图书馆智慧服务的内涵。随着高校图书馆智能技术应用的不断成熟，尤其是数字化、智能化建设不断加速，高校图书馆管理效率更加便捷，智慧服务从技术概念成为现实可能。图书馆将智能技术应用于图书馆管理与服务中，通过提升图书馆的知识服务能力，为读者营造智能化的阅读环境，满足读者多样化的阅读需要。在信息化环境下，以图书馆丰富的资源为基础，充分发挥云计算、物联网等智能技术、智能设备的优势，培养和提高图书馆工作人员的专业素养和智慧思维，为读者提供智慧化、创新性服务。

高校图书馆智慧服务的意义。首先，高校图书馆智慧服务实现了实体服务与虚拟服务的全面融合。通过将VR技术和AR技术、可穿戴技术等多种智能技术综合应用到图书馆管理之中，构建高校图书馆仿真系统，为读者提供视觉、听觉等多种阅读体验。在读者需求方面，通过利用线下物流配送、主题活动，实现读者线上阅读需求与线下互动需要的智慧融合。其次，高校图书馆智慧服务突破了地域、时间限制，打造了智能泛在的智慧阅读服务，实现图书资源与阅读服务的全面融合。借助Beacon、RFID等技术，高校图书馆迎合了读者新的阅读习惯和信息获取方式。最后，高校图书馆利用人工智能技术的数据分析、挖掘优势，精准分析读者的阅读偏好和潜在需求，为读者提供个性化、智慧化的阅读推荐和咨询参考。在物联网技术、RFID 技术助力下，图书馆资源全面融合，从单一的图书供给服务向多功能、多类型服务转型。

二、高校图书馆智慧服务存在的问题

在教育现代化背景下，高校图书馆智慧服务还存在一些不足，具体表现在：

馆员队伍的现代化素质尚待提高。在教育现代化背景下，高校图书馆要从传统的资源型服务平台转化为智慧型服务平台。但一部分图书馆对智慧服务定位缺乏精准认知，缺乏从资源整合、服务创新的视角综合认知高校图书馆的职能定位。一些图书馆馆员的职业素养、学习意识、对智慧服务价值的认识不足，尚未掌握扎实的大数据、人工智能技术，难以精准有效地识别读者的多元化阅读需要，将读者需求与智慧服务供给有效融合，缺少支撑引领创新发展的能力，不能胜任教育现代化发展的要求。高校图书馆智慧服务建设多处于"表层"状态，缺乏真正意义上的"智慧"理念和服务思维。难以利用智慧技术实现图书馆管理的根本提升。

现代化的服务体系有待完善。在人工智能技术与图书馆建设深度融合的背景下，高校图书馆的经营范围与业务内容更加广泛，但由于部分图书馆信息化体系建设过于复杂，制约了图书馆知识服务与读者资源检索的效率与质量。由于尚未形成统一、完善的技术与服务标准，高校图书馆智慧服务建设无法实现学校之间、行业之间的有效协同与知识共享。在个性化服务方面，高校图书馆局限于个人信息、图书借阅历史和检索等浅层次层面，对读者的个性化阅读偏好缺乏应有关注，多数高校图书馆智慧服务仅停留在静态、大众化层面，无法有效满足读者动态、个性化的阅读需要，影响了高校良性互动的网络化、数字化、个性化、终身化的教育体系的形成。

图书馆现代化设施尚待提升。在教育现代化背景下，师生阅读需求更加多元、立体，高校图书馆开展智慧服务，要为读者提供资源共享、共建的阅读环境，切实提升和培养师生的创新能力、协作意识和实践思维。当前高校图书馆受资金、技术因素制约，智慧化设备及平台普及度不足，影响了智慧服务的内容与活动范围。高校图书馆智慧服务建设缺乏对资源要素的充分整合，尚未构建智能化、深层次的智慧服务体系。在阅读咨询服务方面，仅有少数高校将智能机器人应用到读者咨询服务活动，多数高校图书馆面临咨询服务资源缺失、咨询实效性差等现实问题。

三、教育现代化背景下高校图书馆智慧服务的路径

在教育现代化背景下，高校图书馆要突破发展常规、转变服务理念，充分发挥信息化、智能化和数字化等技术优势，提高服务效能，在支撑教学科研、提升学生能力等方面发挥积极作用。

创新服务理念，对高校图书馆职能再定位。教育现代化首先是教育观念的现代化，高校图书馆要与时俱进，对智慧服务职能重新定位。通过创新管理机制，更新技术设备，提高高校图书馆服务供给质量。第一，要以读者阅读需要为基础，注重引进先进技术和设备，对馆藏资源、读者和馆员进行智慧化管理，创新智慧服务理念，优化图书馆智慧服务体系。具体来看，高校图书馆要从理念创新、读者需求、智能服务和技术应用等方面出发，重塑高校图书馆智慧服务模式，创新图书馆服务形态。其次，在教育现代化背景下，图书馆要从传统的图书馆藏机构向信息服务平台转型，以创新知识供给和服务方式为基础，增强图书馆智慧服务能力。最后，要结合时代形势，及时更新服务形态，弥补自

身不足。通过建设数字图书馆和个人图书馆，满足读者智慧阅读的个性化、数字化需求。同时，要利用社交媒体的传播、分享和沟通优势，为读者提供经验交流、新书推荐和读者预约等多样化功能，转变图书馆的服务心态，为教育现代化发展创造条件。

读者至上，对高校图书馆服务内容再优化。在教育现代化环境下，终身学习、终身教育、面向未来持续创新已成为师生的普遍诉求，为真正有效发挥图书馆智慧服务的作用，需要优化服务内容，从传统的被动服务向新的主动服务转变，有效诠释读者至上思维。首先，图书馆工作人员要充分掌握大数据、人工智能等先进技术，为读者提供高质量、精品质的服务。积极采用数字技术、智能技术开发全新阅读服务项目，满足教育现代化的实际需要。其次，要注重发挥技术优势，对图书馆馆藏资源进行搜集、分析和整理，形成新的智慧型产品和增值服务，深化服务标准，拓展新的服务领域。最后，要运用数据挖掘技术对读者的阅读习惯进行汇总、收集，构建阅读服务模型，分析读者个性化、多元化阅读需要，有效匹配图书馆资源，培养既全面发展又有个性特长的，具有国际竞争能力的应用型、复合型、创造型人才，提升智慧服务的质量。

集中资源要素，对高校图书馆服务方式再完善。现代化首先是人的现代化，人的现代化必须靠教育的现代化来实现。高校图书馆要为师生构建资源高度整合、力量协同发展的智慧服务体系。首先，要对师生通过参与智慧服务所形成的学习、科研成果进行再加工，并融入现有知识体系，从而形成不断积累、互动型知识服务模式。其次，图书馆要注重强化与其他高校、数字阅读企业和出版机构之间的协作力度，形成资源共建、知识共享的服务体系。高校图书馆要充分利用智慧云服务平台优势，为师生提供平等获取知识信息服务，使高校图书馆资源实现互联共建、互通共享，提升智慧服务水平。最后，成立高校图馆联盟，通过形成统一数据标准，实现图书馆资源共享，提升协同服务能力。高校图书馆要构建通用性服务模式和普适性服务规范，充分发挥高校图书馆在人才教育、学科建设等各方面的积极作用。

突出技术优势，对高校图书馆服务力量再充实。教育现代化是社会现代化的组成部分，图书馆要不断完善硬件和软件智慧技术，提升现代化水平，建设学术情报中心和阅读基地，为读者提供高质量、便捷性的服务体验。第一，要以优化读者阅读服务体验为基础，构建智慧服务新形态。通过二维码技术、蓝牙扫描技术，为读者提供智慧化的搜索服务。利用媒体融合技术，为读者提供文字、音频和视频等多种阅读形式，加深读者理解与认识。要注重为读者构建高效、立体的阅读分享平台，延伸读者阅读理解、思考。第二，要发挥技术优势，优化读者阅读流程，构建智慧服务新模式。要将"互联网+"、"智慧服务"和教育现代化等多种理念融入高校图书馆智慧服务体系，优化图书借阅流程，实现读者线上、线下阅读的全面融合。第三，要及时更新智能技术，将其作为图书馆智慧服务建设的核心动力。通过使用VR、AR等穿戴设备和智能机器人，优化读者体验。同时，利用智能技术对读者的阅读行为信息进行数据收集与分析，构建读者行为模型，为图书馆智慧服务构建科学依据。

教育现代化，离不开现代先进的教育思想和科学技术。图书馆的建设从来不是孤立的，图书馆智慧化服务建设不仅事关图书馆的发展，也是教育现代化的主要内容。高校图书馆在百花齐放的思想环境和日新月异的技术进步中，只有更新认识、主动适应、积极探索，才能在高校发展中赢得更为广阔的空间。高校图书馆要紧紧围绕学科发展需求，积极提供专业化、智慧化、个性化的服务，促进图书馆服务与教育教学深度融合，更为精准地对接教学需求，为教育现代化发挥应有的作用。

第八节　基于学科服务的高校智慧图书馆创建

在智能技术不断发展的今天，人类社会已经步入智慧时代，高校图书馆也需要将智慧图书馆创建作为发展目标。阐述了高校智慧图书馆的发展现状与优势，就如何从学科服务出发创建高校智慧图书馆提出策略，包括整合信息资源、优化平台结构、加强挖掘力度、重视安全维护等。

图书馆是高校知识资源最为密集的区域，承担着非常重要的职能，学科服务是其中最为主要的职能之一。当前，我国高等教育正处于"双一流"建设的关键期，强化图书馆在学科服务中的作用与价值是"双一流"建设的必然要求。然而，从图书馆学科服务的现状来看，情形并不容乐观。在学科建设不断深入的今天，学科服务的内涵与外延发生了巨大的变化，用户需求呈现出专业化、个性化、综合化的特点，传统的服务方式以及服务内容已经难以满足学科发展的需要。因此，必须深入开展高校智慧图书馆的建设，将学科服务作为智慧图书馆学科建设的重点。

一、高校智慧图书馆简介

高校图书馆不仅是高校文献资源的存储地，也是学生学习知识的重要场所，在高校教育、科研中发挥着至关重要的作用。随着网络信息技术，特别是智能技术的不断发展，传统图书馆的局限性日益显著，智慧图书馆成为现代图书馆发展的必然趋势。高校智慧图书馆就是以信息技术为基础，以数字化、网络化、智能化为主要特征的图书馆。但是智慧图书馆有别于高校图书馆中的智慧服务，智慧图书馆是一个系统性、集成性的概念，有着非常明显的优势，主要表现为以下三点：一互联性，是高校智慧图书馆最为基本的属性，主要指图书馆能够借助互联网实现资源的共享。其中立体互联、全面感知以及深度协同是互联性的三个基本表现。二高效性，高校智慧图书馆使图书馆服务从线下向线上延伸，并且在移动互联网以及大屏智能手机的助力下，出现了掌上图书馆，图书馆服务更具有高效性。用户通过移动终端接入，便可以在最短的时间内获得想要的服务内容，比如预约稀缺书籍、查阅借阅信息、阅读读者评价等。三便利性，高校智慧图书馆的各项服务更具便利性；一方面它实现了全网络覆盖，只要在有网的条件下便可以顺利地介入到图书馆系统，获得相应的服务，另一方面，它极大地拓展了服务内容，增加了印本阅读、数字传播等功能。

二、基于学科服务的高校智慧图书馆创建策略

整合信息资源。图书馆是高校文献资源的存储地，文献资源则是图书馆最为宝贵的财富。因此，在高校智慧图书馆的创建中，以文献为中心的信息资源整合就成为最为基本的工作。高校要做好各类信息资源的智慧化处理工作，将数量丰富且在持续增长的文献资源加工成可单独识别的个体，并借助智能芯片来实施反馈个体资源的信息。精细化是信息资源整理的基本要求，也是强化智慧图书馆在学科服务中作用的客观需要。高校需要突破以往以"库"为单位的粗放式的文献陈列模式，以"篇"为单位对各类文献资源进行整理归类，借助多样化的资源组织形式来满足不同层次乃至不同类型的学科服务需求。学校内部学术资源的整理是信息资源整理的重点。

优化平台结构。高校智慧图书馆本质上一个信息平台，平台结构是否具有科学性、合理性直接决定了智慧图书馆的服务能力。因此，在基于学科服务的高校智慧图书馆创建中，必须将平台结构的优化作为重点内容。其中功能模块

的设计是平台结构优化的重点。从国内一流高校如南京大学等的建设经验来看，智慧图书馆的功能模块要包含学科门户、参考资源、学术交流、个性服务、信息素养培训以及后台管理等内容。就以学科门户为例，这是从学科服务的角度出发创建智慧图书馆的主要表现，需要具有资源导航以及一站式检索 2 个子模块，资源导航以学科分类体系为基准，借助资源的二次加工与重组，实现资源间的互联互通。而一站式检索则以检索系统的建设与完善为重点，检索方式以关键词检索为主，随着平台结构的逐渐优化，检索方式将从关键词检索语义检索发展，提高平台学科服务的效率。

　　加强挖掘力度。智慧图书馆的资源本身是不会服务学科发展的，需要经由使用者的发掘与应用才能真正实现智慧图书馆创建的价值，而资源的发掘力度则是影响资源价值的主要因素。对学科服务而言，资源发掘可以从服务教学、服务科研以及服务学科建设三个角度开展。服务教学以课程图书馆的建设为中心，涵盖课程指定教材、资料讲义、相关论文、拓展文献等内容，服务科研以研究专题图书馆为中心，借助主题词分类将特定科研项目的文献资源整合起来，至于学科建设，则以虚拟专业分馆为内容。当前，高校外部环境发生了巨大的变化，高校与社会之间的互动日益密切，一方面从社会中获取了大量有助于高校发展的资源，另一方面也强化了高校服务社会的力量。高校智慧图书馆在以学科服务为目标的同时，也要拓展学科服务的内容，使学科服务与社会服务，比如城市服务有机地衔接起来。比如当前吉林省涌现了一大批新兴的战略产业，比如先进装备制造、卫星及航天信息、人工智能及机器人等，吉林化工学院在材料、航天航空、机电等学科具有突出的优势。因此，必须加大信息资源的发掘力度，推动学科服务向城市服务延伸。

　　重视安全维护。智慧图书馆的创建一方面为高校图书馆增强各项服务能力，尤其是学科服务能力提供了有力的保障，另一方面也增加了图书馆的维护难度，尤其是安全维护难度。因为高校智慧图书馆以网络信息技术为载体，而网络信息安全有很大的不可控性。对此，高校要重视智慧图书馆的安全维护工作。比如加强入侵检测，防火墙是保障网络信息安全的重要工具，其对获取到的信息会进行分析和判断，将不安全信息排除在外，能够有效应付一般黑客的攻击。但对高等级黑客而言，由于其对防火墙自身的漏洞较为熟悉，可以跳过防火墙的安全防护对目标发动攻击。因此，可以借助入侵检测系统来予以防范。入侵检测系统具有强大的记录与监控能力，能够在第一时间发现系统运行中的问题，比如未授权操作，从而起到安全预警的作用。又如安装杀毒软件，系统中信息资源较多，高校可以购买一些杀毒性能更强的杀毒软件。为了提升杀毒软件的处理能力以及安全防范效果，高校需要定期更新杀毒软件。

与传统图书馆相比，智慧图书馆无论在形态上，抑或在性能上均发生了翻天覆地的变化，服务能力得到了极大的强化。因此，高校需要将智慧图书馆的建设作为当前图书馆发展中的重点。高校承担着教育与科研的双重任务，而学科建设则是履行教育、科研双重任务的重点内容。高校在智慧图书馆的创建中要围绕学科建设开展，将学科服务作为智慧图书馆创建的主要目标，从资源整合等角度采取好有效的措施。

第四章 智慧图书馆服务创新

第一节 高校智慧图书馆体系下读者服务模式

随着科技的快速发展，传统图书馆的服务模式已无法满足现阶段读者的需求，智慧图书馆成为现阶段许多图书馆不断探索和尝试的创新模式，智慧图书馆也将是我国未来图书馆发展的一种主要趋势。本节就智慧图书馆下的高校图书馆读者服务模式展开探讨。

智慧图书馆的建设，固然要以硬件作为根基，以大数据作为支撑，同样也应该要以服务作为保障。在建设智慧图书馆背景下，高校图书馆的服务创新，可以依托已有的资源，从智慧、融合、协同、创新等不同的层面逐步深入展开，以实现服务的优化。

一、高校图书馆智慧服务较传统图书馆的优势

对于智慧图书馆国内已经有很多的外学者进行了相关的研究。对于"智慧图书馆服务"是一种通过新技术从而使得读者能够不受地域、时间的限制能够轻松无障碍的发掘和获取更多的想要的资料。相对于传统的图书馆，智慧图书馆能够更加智慧化的实现资源信息的整合，使得读者能够更加轻易地获取更加准确的信息。读者可以通过智慧图书馆更加全面和丰富自身的知识内涵，实现知识的共享及再创造，对于文化知识的传播具有重要的意义。而智慧服务图书

馆较传统的图书馆的发展过程中具有以下优势：其一，传统图书馆在实体环境的建设过程，传统图书馆所提供的自修室、阅览室的空间都比较大，读者比较多，这就使得读者在知识的获取上只能通过简单的阅读来获取值，同时知识获取的过程中很难与邻座之间的交流。而智慧图书馆在知识的获取过程中，可以在自由、愉悦的环境中进行相互学习，实现学习过程中的相互交流体验；其二，传统图书馆的书籍管理过程中，采用移动互联网设备与读者交互交流过程中，交流方式过于单一，不能充分的调动读者的积极性，而智慧图书馆在图书馆的管理过程中实现了数据的动态管理，可以方便读者之间的相互交流，可以有效地提高读者享受到的服务体验，充分的调动读者的积极性；其三，传统图书馆在知识的传递过程中，读者多数为被动地接受着，这就使得读者缺少自主参与交流的机会，从而降低读者的学习积极性，而智慧图书馆在知识的传递过程中，采用多种知识传递模式，在知识的传递过程中，引起读者的兴趣，从而使得读者能够自主的进行相关知识的学习交流。

二、智慧图书馆时代读者交互式服务新模式

以馆藏资源建设为根基，满足读者多元需求。首先，高校图书馆应该做好基础性的工作，即以海量的、丰富的、类型多元的馆藏资源为基础，切实满足不同读者在阅读方面的需求。高校师生数量多，不同学科领域有不同的阅读要求。图书馆是阅读推广的主力，社会公众对馆藏资源亦有独特的需求。针对这种需求和要求，高校图书馆应整合各方面的资源，进一步丰富图书馆的馆藏资源。其次，搭建图书馆与读者进行互动的自助平台。读者可以通过这一平台，提交图书馆没有的或是读者迫切想要阅读的图书的类型，山东大学图书馆借助芸悦读服务平台，很好地实现了捷阅通功能，图书馆联合浙江省新华书店为读

者开通的一项线上图书荐购及借购服务，读者线上借购，图书馆买单。线下与山东书城合作，为学生提供便利；图书馆则收集读者的反馈，研究决定应该进一步购买哪方面的书籍资料，在数字图书馆中引入哪些方面的数字图书资源。最后，利用大数据，收集高校大学生的阅读信息，以此进行计算分析，汇总高校大学生的阅读兴趣及阅读喜好。高校图书馆应结合大学生的阅读喜好，再加上与不同学科教师的沟通交流，针对不同学科、不同年级的大学生，制定出不同层次的"智慧阅读计划分享方案"，以此与大学生读者进行互动，体现出图书馆服务的针对性、精细化。

高技能服务。智慧图书馆需要工作者不仅具有较强的工作能力和综合素养，全面掌握智能化设备的操作技能并且能够有效地应用在工作中，而且还要对社会发展中的新型资源和知识进行了解和掌握。在特殊的情况下，可以对读者的心理状态进行分析，了解读者内心的需求，从而提供个性化的服务，还可以在此基础上更好适应现代化的发展趋势，推动高校图书馆的发展。另外，智慧图书馆的服务人员还要有高头脑、高智商，具有较强的问题分析能力和解决能力以及对服务意识的创新能力，可以不断提高自身的服务能力，为读者提供最高技术的服务标准，达到高标准的水平，从而为读者提供最为安全、优质的服务，提供独特的信息资源，满足读者个性化的服务需求。

拓展微信阅读推广服务功能。微信平台是现代师生利用最广泛的平台，图书馆在阅读模式中需要拓展微信阅读服务方式。微信是现代主要的通信方式，人们生活已经离不开微信，必须科学有效的利用微信平台进行图书阅读推广服务，这对提高师生的阅读兴趣，激发阅读潜能都起到重要作用。

精准化服务。智慧图书馆可以直接通过无线泛在网络，随时对读者的阅读习惯、阅读喜好以及读者的动向进行了解和掌握，采用相关数据分析技术对所掌握的数据进行分析，总结出读者今后可能会有的相关需求，从而为读者提供精细化、准确化的服务。例如，在读者借阅的过程中，就可以以加微信、QQ的方式借书，设置还书期限提醒等；通过对大数据的分析及时了解读者内心真实的需求，从而为读者提供针对性服务和帮助；在进行参考咨询服务中，可以通过对读者参考咨询的内容进行详细分析，进而为读者提供针对性的服务方案。

以馆员培训为保障，切实提高服务质量。如今，高校图书馆服务的模式已经有所转变，馆员也应该做到与时俱进，在服务的理念及服务模式上不断学习、提升综合素质，以与读者展开更高质量的沟通交流，提供更贴心、更细致的服务。高校图书馆应定期对馆员进行教育培训，以教育培训助理馆员思想观念的转变，督促其格外关注及重视服务，将工作的重心放在服务上，积极地与读者进行互动交流，致力于满足不同读者的多元服务需求。馆员要对图书馆在数字时代的新变化有所掌握，要主动地学习相关的知识与技术。在工作中，馆员应善于利用图书馆引入的新管理技术辅助工作，节约人力资源，提高工作效率。高校图书馆应创新馆员的激励机制，以提高馆员致力于服务优化的积极性和主动性。高校图书馆应注重用户的评价与反馈，以便对馆员的服务水平进行客观地评判，并督促馆员纠正自身服务细节上的欠缺与不足，实现服务的优化完善。此外，高校图书馆还可以引入高校专家学者助力图书馆建设及服务，利用其丰富的学科知识，为相关专业的学生提供阅读方面的建议及指引，这也是切实提高图书馆服务质量的有效之举。

综上所述，图书馆的服务工作为了能够更好地适应社会经济逐步向知识型经济过渡的趋势，从本质上清楚认识到智慧图书馆的建设是一个漫长的过程，需要不断积极地进行探索和寻找，引进先进的科学技术和网络技术，增强高校之间的联系，创新服务理念，从而打造一个优质的高校智慧服务模式，为广大读者提供最为全面、最为专业的阅读环境，为建设智慧图书馆创造有利条件。

第二节　智慧时代高校图书馆信息检索服务转型

智慧时代促进了高校信息检索服务的不断升级更新。通过分析现阶段高校图书馆信息检索服务面临的新挑战和存在的不足，提出树立自主服务理念与社会服务意识、多方合作强化资源整合与人才队伍转型、加强用户信息素养教育、发散现有信息检索服务方式，拓展信息检索服务内涵与外延等策略，促进高校智慧图书馆信息检索服务的转型发展。

人工智能、云计算、大数据等信息技术的发展将图书馆等信息机构带入了智慧时代，智能情报与智慧服务成为智慧时代图书馆等信息机构研究与实践的重要课题。高校图书馆作为高等院校的文献情报中心，信息检索是高校图书馆信息资源价值输入与输出的重要枢纽，是用户信息服务的重要内容。智慧时代，在国家大力倡导服务创新的智能+大背景下，高校图书馆积极主动建设智慧图书馆，采用新的服务技术，打造新的智慧空间和智能化管理系统，共同探讨和研究智慧时代高校图书馆信息检索服务能力提升的理论和实践问题，分析解决当前和未来高校图书馆信息检索服务能力建设所面对的新问题和新挑战，推动信息检索服务转型发展具有重要的现实意义。

一、智慧时代高校图书馆信息检索服务新挑战

①智能时代高校图书馆开展信息检索服务，需借鉴国内外先进的检索服务理念，弥补原有信息检索服务方式的不足，提升信息检索服务的便捷性。②高

校图书馆的信息检索服务需时刻关注各种最新的信息技术，并及时将其运用到图书馆的日常服务中，提升用户检索信息的便捷性和满意度。③高校图书馆的信息服务还应当注重在信息技术引导下的转型，通过不同的服务渠道、服务方式实现更为便利、快捷的服务，提升图书馆信息资源的可用价值。具体来说，智慧化时代高校图书馆信息检索服务需进行以下4方面转型。

对传统服务方式的革新。传统服务模式下高校图书馆信息检索服务缺乏主动性，智慧时代带来的不仅是图书馆信息资源的丰富也促进了传统服务与新技术、新设施的融合，RFID、网络学习社区服务、知识资源发现系统等相关技术的应用为图书馆信息服务的革新提供了条件，极大地丰富图书馆信息检索服务手段，同时也是对资源的整合、技术人才的培养和储备提出了要求，对图书馆多学科融合具有积极的促进作用，图书馆信息检索服务应朝着主动化、专业化、个性化的方向发展。然而大多数图书馆碍于当前技术力量的不足，非结构化用户信息数据的处理仍是当前信息检索服务的难题，图书馆需对信息检索服务方式进行重新思考与定位，实现信息检索服务的价值。

对服务资源的整合。高校图书馆丰富且具有延续性的信息资源是服务的优势所在，智慧时代，各种形态的信息资源在高校图书馆服务体系中共同存在并有机的融合、和谐地展现，高校图书馆对于服务资源的揭示需更加具体和详细，也能进一步提升用户对馆藏信息资源的利用兴趣和使用依赖。

对服务环节的有效调整。智慧化时代不仅体现在对于信息资源的有效整合和揭示，还表现在对服务创新的进一步支撑上。各类电子资源、在线知识服务将有效覆盖更广泛的用户群体，而高校图书馆的服务环节也将会进一步优化，联盟服务、融合服务、定制服务等系列服务将成为高校图书馆信息检索服务环节优化的重要内容。

对信息技术的更新升级。智慧化时代各类新型智能技术蓬勃发展，如人工智能技术随着网络技术的更新突飞猛进，给信息检索领域带来很多便捷之处。智慧化信息检索是自然语言检索或可视化检索形式的重要体现，服务器根据用户所提供的自然语言或可视化检索要求进行比对分析，在后台形成检索策略进行全网智能搜索，将检索结果更加个性化、更加直观地呈现在用户面前。

二、智慧时代高校图书馆信息检索服务存在的不足

从目前运行情况看，我国高校建设智慧图书馆的过程中智能化服务尚处于一个起步阶段，发展空间很大，积极拓展智慧图书馆信息检索技术的职能服务领域，贴近用户的各种需求，大力引入智能化技术，推广及发展智能化服务，最大限度地节省读者时间，是高校图书馆信息检索服务建设的重点。当前高校图书馆的信息检索服务还存在诸多不足之处，如，自主服务理念与社会服务意识不足、资源整合与人才队伍建设不足、师生对图书馆认知不足、现有信息检索服务发散性不足、对社会信息服务机构的威胁性认识不足等，重视并解决这些不足是现阶段高校图书馆发展迫在眉睫的重要任务。

自主服务理念与社会服务意识不足。①当前国内高校图书馆在信息检索服务理念上还存在没有完全脱离传统服务的范畴，尤其是在自主服务理念的贯彻和执行方面比较欠缺，这直接影响到图书馆信息检索服务的质量和效率，是否开展主动服务、推送服务、专业化服务、个性化服务已经成为虚拟环境和现实环境中对于服务质量的评判标准之一，由于高校图书馆服务对象的单一性和服务内容的延续性，在服务理念上还没有完全融合智能自主服务理念，特别是在数据检索服务方面。②当前高校图书馆信息检索服务在服务社会大众方面，意识淡薄。在国家大力加强公共文化建设并推动社会文化服务体系建设的大环境

下，高校图书馆作为社会信息服务的有机组成部分，仅有少部分高校将社会化服务纳入其中，但其信息检索服务在服务范围及服务项目的开展程度上严重不足，致使高校图书馆的社会职能发展滞后。全面意识到信息检索是一种社会服务是高校图书馆信息检索服务发展的重要方向。

资源整合与人才队伍建设较薄弱。①高校图书馆信息检索服务主要利用本馆采购的资源和自建的资源展开，然而，由于各高校图书馆采购经费的限制，其馆藏资源的丰富程度各有差别，重点院校经费充足，资源建设压力相对较小，但对于大部分的高校图书馆其资源建设经费相对紧张，可能导致每年的资源建设以续订为主，增订和新购相对困难，图书馆信息检索服务在此情况下除依托现有资源外，必须将大量的网络资源整合到图书馆资源建设中，同时加强馆际之间的交流与合作，实现信息资源的共建共享。②对于大多数高校图书馆而言，信息检索服务并非只是从事参考咨询馆员的专责，全馆馆员均有其义务和权利，然而大部分的馆员缺乏专业基础，不能及时更进学科发展、资源和知识的整合能力缺乏，许多高校图书馆馆员对信息检索服务的认知不深入，推广不到位，信息检索使用效率不高。许多馆员没有有针对性的进行此方面的系统学习，导致信息检索服务在具体的实践中障碍重重，由此造成了信息检索工作只停留在信息查找与反馈的简单层面，知识融合服务、决策咨询服务、定题跟踪服务等高层次业务工作难以展开，故而专业的信息检索服务队伍也是当前高校图书馆急需解决的问题。

师生对信息检索认知存在偏差。当前，许多高校存在新生入校时并没有对学生进行图书馆信息检索的实践培训，学生在校期间也没有接触过相关知识的讲座。由于相关信息素养知识的缺乏，导致学生对图书馆信息检索服务的认知存在偏差，部分学生甚至存在没有使用过图书馆信息检索系统的经历，长此以往，学生信息检索技能弱化，图书馆变成了学生自习的地方，学生在日常生活中有信息需求的时候，往往需要很烦琐、很复杂的程序才能找到需要的信息，这样是对高校图书馆信息检索服务作用发挥很大程度上的削弱。此外，大数据环境和互联网+对用户的信息需求在内容表达和获取方法上产生了较大的影响，用户对自己的个人信息保护意识日趋增强，使图书馆不能对用户的即时信息需求做出有效应对。

现有信息检索服务缺乏发散性。①信息技术与网络技术的飞速发展，高校图书馆传统的信息检索系统自身缺陷日益显现，如单一输入信息方式的检索，只能通过文字符号的形状进行匹配，对语音的匹配度较低。②由于高校图书馆服务对象和内容的限制，很大程度上都是以教学和科研为主，随着社会服务的不断完善和用户对信息知识的需求不断扩展，在大数据环境下提升信息检索服务的质量，其一高校图书馆未意识到用户的信息需求会超出其学科背景，用户的兴趣爱好会激发其性的性的信息需求，发散性的信息检索服务是图书馆信息服务中需要不断完善的重要内容。其二高校图书馆需突破服务对象的局限性，往往只侧重于对高学历、高职称用户的精准服务，而忽略了广大学生及基层教职工的服务需求。

社会信息服务机构威胁。智慧时代，大数据环境背景下，各类智慧型信息服务机构蓬勃发展，由于高校图书馆的信息服务受自身资源建设、服务范围、学科意识等方面的限制，在信息检索服务效果方面被社会信息服务机构不断削弱，信息情报的决策作用迫使图书馆进一步提升信息服务内涵，与社会信息服务的发展轨道严丝合缝，才能得到更长远有效的发展。

三、智慧时代高校图书馆信息检索服务转型对策分析

树立自主服务理念与社会服务意识。智慧时代，人工智能技术的出现为创新高校图书馆信息检索服务创造了条件，高校图书馆"人工智能技术"支撑下的信息检索系统质量，不仅可以解决高校图书馆信息检索系统服务问题，而且对信息检索服务工作革新也起到非常有效的作用。智能检索系统对知识数据库检索推理出的结果，能够更加直观地展示给用户进行利用，用户只需通过语言或语音等关键词方式向计算机输入自己的需求，无须人工干预，计算机通过全网搜索将用户所需关键词信息按相关性程度一一排列，以供用户所需。高校图书馆作为信息服务的重要组成部分，信息检索技术的智能化具有相当的发展潜力，有助于从用户的信息服务环境出发，在复杂的信息海洋中方便快捷的选择用户所需信息，实现图书馆信息检索自主服务理念的转型。

新时代，国家政策大力推进文化共享工程建设力度，要求进一步夯实社会信息服务的能力，这是高校图书馆发展的良好机遇，智慧化时代随着信息技术的发展和信息资源的激增，高校图书馆信息检索服务需立足于社会的现实需要，适应市场经济规律，树立社会服务意识，拓宽社会服务智能，扩大服务范围与服务内容，准确及时地把各类科学情报传递给包括高校在内的一切社会用户，运用现代新进的服务技术，如人工智能、移动互联网、云技术、虚拟现实等提升用户体验，提高资源的利用效率，拓展信息检索服务的覆盖面。

多方合作强化资源整合与馆员队伍转型。随着社会信息资源与网络信息资源不断暴增与更新，由于网络信息资源具有动态性、分布性、丰富性等特征，如何快速获取用户所需的正确信息，应将创新作为信息检索技术发展的目标，在不同层次上，将信息资源中的文献信息、数据信息等按不同结构以分层方式

进行合并整理，强化资源整合力度，这样使得信息资源分布更具结构性、专业性，不仅能够提升用户信息检索的效率，更加提高了图书馆信息资源的利用率，促进了高校图书馆信息服务工作的全面发展。此外，通过多方协作，积极筹建校图书馆的知识力量：①积极吸纳社会学者和具有相应研究能力、知识处理能力的个体或组织以弥补图书馆自身服务力量不足的现状。②图书馆限于所在环境的影响，在一定程度上缺乏前瞻性和预测性的资源支撑，可通过联合社会力量为用户提供个性化、前瞻性的信息服务。③可通过积极争取社会力量的支持，多方筹集经费，不断优化信息资源为信息检索服务奠定基础。

高校图书馆的信息检索服务是管理工作非常重要的一部分，面对科研密集型环境，基于数据、知识、决策的服务要求是智慧时代图书馆信息检索服务的主要发展方向和转型趋势。为此，图书馆馆员队伍的职能需要进一步拓展和转型。馆员持续教育必须提上图书馆发展的日程。内容包括，信息检索数据服务方面，因需要对相关数据资源的深度挖掘，这就需要掌握数据处理技术的人才，培养既具有图书情报专业知识又具有计算机能力的多学科人才。与此同时，通过适当的激励机制和培训体系不断实现馆员知识与业务能力的更新，智慧时代需要通过激励机制和相关技能知识教育培养出符合图书馆需要的智慧型馆员。

加强用户信息素养教育。高校图书馆加强管理者对信息检索服务工作的认知，针对大部分师生对图书馆信息检索认知模糊的情况，有必要提供相应的用户培训，以加强其信息素养教育。从宏观角度讲，首先最基础的是对学生进行入馆知识教育，图书馆员需要对学生进行信息检索技术使用引导，让学生可以熟悉操作，独立使用信息检索技术。其次，网络时代，大多数师生都会利用互联网数据库或网络搜索引擎等来寻找信息资源，包括微信公众号、自媒体朋友圈等。为此，加强图书馆信息检索服务的推广力度可增强读者对图书馆信息资源的依赖性。一方面，在图书馆网页或学校各类自媒体官网增强图书馆信息资源宣传力度，利用客服咨询、宣传窗口等方式进行推广，及时网上更新图书馆信息资源，发挥宣传推广作用。另一方面，图书馆全体馆员转变服务态度，积极主动帮助到馆师生在细微之处熟悉信息检索技术，使师生对图书馆服务产生归属感。这两种方式同样为图书馆信息服务的全面发展起到积极的促进作用。从微观角度讲，还需要进行以下几方面的用户培训：①智慧型数据资源的培训。该类培训目的是使用户了解资源的专业特性和学科属性。②信息服务的内容与范畴，使用户区别了解各类信息服务的内容与范围。③信息服务需求的反馈培训。该类培训主要是培养用户如何正确找到所需信息的服务部门并向其提出明确的服务需求，同时使其能够具备潜在信息需求解决方案的思维和方法。高校图书馆是高校信息素养教育的重镇，加强用户的信息素养教育是智慧图书馆发展中不可推卸的责任和义务。

　　发散现有信息检索服务方式。高校图书馆信息检索服务缺乏发散性，造成这一问题的根本原因还在于图书馆信息技术的相对滞后。智慧化时代，信息技术、网络技术、人工智能技术等的飞速发展给图书馆信息服务带来了全新的挑战，图书馆必须契合时代背景，为用户提供发散性的服务。①必须实现全面智能化信息服务，自助服务、智能服务需不断更新升级。如，清华大学、南京大学等高校图书馆配合 RFID 设计的智能搜索机器人等，这对用户而言使获取信息更加便捷、更加迅速，更有利于信息资源的管理、流通和传递。②拓展和夯实移动服务效果。智慧化时代，各类智能移动终端不断升级优化，在线教育和网络教育已成为当下互联网发展主要趋势。移动终端是图书馆现在甚至未来很长一段时间的主流平台，图书馆应大力拓展基于移动网络的在线咨询和在线教育，进一步发散图书馆信息检索服务模式。

拓展信息检索服务内涵与外延。智慧化时代，高校图书馆的用户范围不局限于校内，社会用户与网络用户亦成为高校图书馆服务的重要对象，相应的服务环节、服务内容和服务设施亦应当进行全面的拓展。故而，图书馆在具体的服务转型中要转变对社会用户的服务思想，提升社会用户与校内用户的同等服务地位，与此同时，要进一步夯实服务内涵，拓展网络在线服务和虚拟社区服务，提升服务能力和服务手段，真正实现高校智慧图书馆信息检索服务的多元化发展。此外，智慧时代，高校图书馆的信息检索服务必然受到社会信息服务机构的冲击，在服务效果方面不断被社会信息服务所削弱，为此需多方协作，积极筹建校图书馆的知识力量，一方面积极吸纳社会学者和具有相应研究能力、知识处理能力的个体或组织以弥补图书馆自身服务力量不足的现状。另一方面限于图书馆所在资金来源上主要以正式出版的资源为主，在一定程度上缺乏前瞻性和预测性的资源支撑，可通过联合社会力量为用户提供个性化、前瞻性的信息服务。

智能化是当前乃至今后一段时期内高校智慧图书馆发展建设的重要内容，信息检索作为高校图书馆的主要业务之一，其涵盖学科服务、知识服务、决策咨询服务等，智慧时代，随着各种高新智能设备的出现，通过利用其智能性模拟人脑思维方式对纷繁复杂的信息进行有针对性的收集、存储、检索匹配和推理整理，有效地帮助用户解决日常所需，极大地提高了信息构建的效率和信息检索的质量，进而通过树立自主服务理念和社会服务意识、强化信息资源整合和馆员队伍建设、加强用户信息素养教育、发散信息检索服务方式和拓展信息检索服务内涵与外延等，方能真正实现高校智慧图书馆信息检索服务在新时代的转型发展。

第三节　基于媒体融合的图书馆智慧服务体系

将媒体融合背景下的新服务理念、新技术环境、新经营模式有序地引入高校图书馆智慧服务体系当中，是当前图书馆界的研究重点。分析媒体融合、高校图书馆智慧服务的内涵及相关影响，探讨媒体融合环境下高校图书馆智慧服务体系建设的基本层次，提出媒体融合环境下高校图书馆智慧服务体系建设的对策，以期能够为高校图书馆建设智慧服务体系提供参考。

随着新媒体技术的不断革新，传统媒体与新媒体的大规模融合并应用于服务行业的发展已经成为时代的必然趋势。近年来，国内高校图书馆加快了智慧服务体系的建设步伐，并逐步实现了与各个媒体渠道的融合发展。然而从实际效果来看，诸多媒体融合背景下的新理念、新技术并未得到充分的应用。在高校图书馆智慧服务体系当中，仍然有不少业务工作停留在单一媒体处理阶段，从而使用户的多元化服务诉求无法根本性地予以解决。因此，如何正确看待媒体融合与高校图书馆智慧服务体系的关系，并将媒体融合背景下的新服务理念、新技术环境、新经营模式有序地引入高校图书馆智慧服务体系中，应当为高校图书馆充分重视，并积极进行探索。

一、媒体融合与智慧服务

媒体融合的内涵。"媒体融合"技术源于数字化技术和移动互联网技术。这两项技术的共同运用，使得信息传播的成本大幅度减少：一方面，数字化技术使得文字、图片、声音、影像等传统媒体内容的传输承载力进一步提升；另一方面，移动互联网技术不仅提高了信息传输的效率，而且使得用户可以随时随地接收到数字化信息。从本质上来讲，"媒体融合"主要是传统媒体与新媒体在传播渠道、传播内容以及传播方式上的有序融合。其中，传统媒体主要包括报纸、图书、无线电台以及有线电视等大众常见的媒体形式；新媒体主要包括便携式笔记本电脑、智能手机、平板电脑以及数字模拟电视等。通过"媒体融合"的发展，传统媒体供给主体和新媒体供给主体在资源方面进一步达到了共享共用的效果，同时衍生发展出新形式的信息产品，然后通过互联网渠道传递给不同的用户。"媒体融合"作为信息时代深度发展下的一项全新理念，将会随着技术的全面进步在内涵和外延方面取得新的突破，未来"媒体融合"不仅会在技术融合方面取得创新，而且会极大地推动信息经营方式的融合发展。

高校图书馆智慧服务，高校图书馆服务发展的沿革已经历了传统文献服务、信息化服务、知识服务阶段，目前正处于知识服务向智慧化服务的转型发展时期。发展的重点由当下高校图书馆知识服务中所实施的知识检索、知识传递与知识共享等服务内容，逐步向知识服务目标下的知识重组、知识创新、知识价值挖掘以及知识生产力开发运用等服务内容过渡。高校图书馆智慧服务形成的路径，依托的重点在于技术与专业服务人才方面。其中，技术主要是指源自于计算机技术和互联网技术的大数据、云计算、RFID物联网系统等新型技术形式，而专业化服务人才则是能够结合用户的多元化、个性化需求，来为用户提供形式多样的知识创新与应用服务。由此可见，高校图书馆智慧服务是能够在现有的图书馆知识资源基础上灵活地进行创新创造式服务，其目标在于通过对原有知识资源的再加工，来促进新知识的产生以及增值化应用。

二、媒体融合对高校图书馆智慧服务体系的影响

随着高校图书馆智慧服务的逐步形成和发展，越来越多的智慧化服务技术

被应用于高校图书馆的业务领域当中。其中，如何通过智慧化服务使用户享受到更加快捷、便利、增值的服务已成为媒体融合背景下高校图书馆智慧服务体系搭建的重点方向。相对于当前的高校图书馆知识服务体系，逐步形成的智慧服务体系更侧重于从服务效率和服务增值两个方面来进一步满足用户的多元化、个性化需求。与此同时，传统媒体与新媒体的深度融合，也深刻地影响到了图书馆智慧服务体系的形成，其影响主要包括以下3个方面。

媒体融合对高校图书馆信息资源建设的影响。高校图书馆智慧服务体系所依托的技术基础与媒体融合所依托的技术基础基本相同，即数字化技术和移动互联网技术。这就意味着媒体融合技术环境的改变和发展，必将会波及高校图书馆智慧服务体系的形成。当前，媒体融合的范围已进一步突破了时间和空间的限制，高校图书馆移动智能终端用户的数量急剧攀升，已突破了单一媒体的服务能力，同时用户的知识服务诉求也呈现出了碎片化、即时化的特征。为了充分适应用户知识服务的诉求，高校图书馆首先需要做到的就是实现数字化信息资源库负载能力的量级扩充，使得用户知识服务的基础供给能力得到显著增强。在此基础之上，还要进一步加大大数据、云计算等先进数字化信息分析技术的运用，只有这样才能进一步提高知识服务的效率，使得碎片化的知识信息原始数据以整体式、合理化的形式呈现于用户面前。

媒体融合对高校图书馆用户服务能力的影响。尽管当前高校图书馆通过建立数字化图书馆服务平台，推动了即时服务、网络社交在部分知识服务领域的应用，用户的个性化体验也得到了一定程度的满足。但从整体情况来看，双向互动化服务并未充分拓展至智慧服务体系目标下的新兴服务领域。因此，高校图书馆有必要借助媒体融合的环境优势，来实现智慧服务目标下互动化服务的全方位覆盖。从发展动向来看，高校图书馆需要努力探索用户通过移动新媒体设备与图书馆进行知识创新、知识价值挖掘以及知识生产力开发运用等领域互动的路径，并以此来推动高校图书馆智慧服务体系框架的形成。

媒体融合对高校图书馆员综合能力的影响。随着媒体融合背景下高校图书馆智慧服务体系的逐步形成与运用，越来越多的知识服务途径将为智慧化、复合媒体的技术系统所代替，传统人工式的知识服务模式将进一步减少，馆员的综合服务能力素养也必须适时进行转型升级。更多情况下，馆员必须具备一定的技术背景以及新媒体运营管理经验，才能充分胜任智慧服务体系下图书馆的岗位职责要求。一方面，馆员需要充分掌握并熟练运用大数据、云计算等先进数字化信息分析技术。另一方面，馆员还需要全面提升媒体融合环境下与用户进行互动服务的基础素养。

三、高校图书馆智慧服务体系建设的基本层次

媒体融合环境下高校图书馆智慧服务体系建设总体上可分为"在线服务""专业服务"以及"协同服务"3个层面。

（一）在线服务层面

社交网络。随着智能手机的逐步普及，微信、微博、QQ以及在线论坛等新媒体媒介被高校图书馆所充分重视，并应用于与读者的互动、社交活动当中。无论是微信公众号、微博公众号，抑或QQ群、在线论坛，都可以通过文字、音频、视频以及图片等多种形式，来为读者提供相关内容的推送。目前这些社交媒介载体都能够有效地对读者的偏好、需求进行统计，并通过高校图书馆的云储存系统进行贮存，形成大数据分析的原始数据，从而为下一步进行读者个性化需求推送奠定基础。

个人数字化图书馆。个人数字化图书馆功能目前已在大部分高校图书馆在

线服务平台中实现，并将随着媒体融合环境下高校图书馆智慧服务体系的逐步完善而不断实现功能的深化与拓展。就其当前主体功能来看，用户可以自由地对自己需要收藏的数字文献资源进行整理、编目以及在线编辑，同时也可以对文献或信息进行转载和评论，从而充分满足自身体验的需求。

（二）专业服务层面

信息集成服务。实现信息资源的有序集成是高校图书馆开展知识服务的前提与基础。随着媒体融合环境下高校图书馆智慧服务体系的逐步建立，高校图书馆进一步加大了信息集成服务深层次拓展的力度，多媒体信息个性化需求整理、隐性知识挖掘等服务内容已在部分高校图书馆中开展。

学科服务。当前高校图书馆的用户主体是在校师生，从其需求的主要方向来看，学科服务依然是重点。从实践情况来看，以嵌入化学科服务为主要方式，打造专业化的学科服务馆员团队、强化学科导航系统建设以及推动学科服务评价体系的形成，是媒体融合环境下高校图书馆学科服务建设的主要方向。

（三）协同服务层面

媒体融合背景下，图书馆用户多元化、个性化需求特征愈发明显，单一的高校图书馆已无法依托自身馆藏资源和服务内容来完全满足其用户的需求，构建以资源共建共享为主导方向的协同服务联盟，已成为高校图书智慧服务体系发展完善的必然趋势。通过图书馆联盟的建立，构成智慧服务主体的参考咨询服务以及文献传递服务可以实现更为高效化、个性化的发展。同时，资源采购、联合编目、合作交流等智慧服务内容也可以通过图书馆联盟有序地推进。

四、高校图书馆智慧服务体系建设的对策

加强数字馆藏资源建设，提高智慧服务体系基础性供给能力。数字馆藏资

源是高校图书馆建设智慧服务体系的基础。因此，高校图书馆的数字馆藏资源建设必须以适应智慧服务体系为出发点，加大对馆藏数字资源的创新式管理力度，进一步对馆藏资源的归类整合进行优化管理，既要能够显示出本馆的特色优势资源，又要能够充分适应区域内的知识服务主体用户的全方位需求。同时，高校图书馆应当以满足用户体验为基本导向，建立专门供智慧化服务平台使用的专项知识服务馆藏资源库，其内容也应当充分适应用户通过移动新媒体设备与图书馆进行知识创新、知识价值挖掘以及知识生产力开发运用的服务要求，这同样是媒体融合与智慧服务体系结合的基本途径。此外，馆藏资源的建设还必须依据学科发展状况、信息应用技术的变化及时进行调整，从而在媒体融合和技术变革环境下，满足多层次知识服务主体的个性化需求。

加快移动终端APP的开发，促进与用户的互动化交流与服务。媒体融合环境下，如何通过开发和推广移动终端APP软件来吸引各类用户群体，已成为各行业开展智慧化服务体系建设的热点。高校图书馆作为文化智慧服务体系建设的重点职能部门，也应当抢占先机，通过自主研发或合作研发等多种形式，来面向用户开放和推广具备智慧服务功能的移动图书馆APP软件，以此来促进媒体融合环境下高校图书馆智慧服务体系的深化发展。当前高校移动图书馆APP软件的建设重点有3个方向：一是最大限度地实现图书馆数字资源库与移动图书馆APP软件检索功能的无缝衔接，使更多的数字资源能被APP检索和阅读。二是要尽可能地在APP软件中实现高端知识服务功能，当前大部分高校移动图书馆APP软件知识服务功能仅停留在知识检索、知识咨询、知识传递层面，知识创新、知识价值挖掘等服务还未能充分实现。三是可以在移动图书馆APP软件中开通知识社交功能，从而实现用户与用户、用户与专家、用户与馆员之间关于知识创新领域的互动交流。

以实现业务融合为方向，推动组织机构和业务内容的重组。随着媒体融合环境下技术革新速度的逐步加速，高校图书馆智慧化服务体系建设必须适度对组织机构和业务内容进行重组，才能充分适应技术融合的基本要求。一方面，高校图书馆要转变以往以馆藏编目、信息推送为主体的知识服务组织框架结构，通过技术的不断融合来使知识资源开发利用组织框架结构逐步形成，从而满足媒体融合环境下图书馆知识服务用户的多元化需求。另一方面，高校图书馆智慧化服务体系下知识服务方向的转变，也要求高校图书馆对知识服务供给能力进行优化升级，这不仅需要高校图书馆围绕大数据、云计算、RFID物联网系统等新型技术进行设施设备的优化升级，而且要致力于打造一支能够熟练应用上述技术进行知识服务的专业化馆员团队。

构建区域高校图书馆智慧服务联盟，实现资源与服务的共享共用。在媒体融合环境下，图书馆智慧服务体系必须以数字化资源、技术设施设备以及专业化馆员服务团队三大基础为依托才能有序地形成。然而从现实情况来看，除部分实力雄厚的高校可以单独支撑图书馆智慧服务体系建设外，国内大部分高校图书馆并不具备单独建设服务职能齐全的智慧服务体系。因此，一定区域内的诸多高校图书馆必须走向联盟式的道路，通过实现资源与服务的共享共用，才能真正构建起服务职能齐全的智慧服务体系。就区域高校图书馆智慧服务联盟构建的而言，一是要注重实现数字化文献资源的共享共用，特别是特色型资源的共享共用。二是可以通过打造共同的媒体融合网络服务平台，来实现信息传递环节的共同合作。三是要实现专业化馆员服务团队之间的相互配合协作，提升面向高端用户的知识服务合作化供给能力。除此以外，还可以考虑在联盟框架之外，与一些软件开发公司、社交学习网站、移动运营商展开合作，实现部分服务业务的市场化操作，从而拓展图书馆智慧服务的用户范围。

高校图书馆智慧服务作为一个动态化体系，只有与时俱进地融合新的发展理念、新的技术理念才能促进体系的不断完善与发展。未来，随着人工智能、5G 网络、区块链、万物互联等技术的成熟及媒体融合的不断深入，新的媒体传播途径与技术服务途经将进一步突破，必将改变高校馆的传统动作模式，对高校图书馆智慧化服务产生深远的影响。高校图书馆应紧抓这一机遇，进一步将媒体融合环境下的各类元素融入智慧服务体系的各个环节当中，更好地为师生服务。

第四节　高校图书馆空间再造与智慧服务融合

高校图书馆的空间再造与智慧服务都是在用户日益凸显的个性化服务需求和数字服务需求下的适应性发展，通常情况下，图书馆的智慧服务与空间再造之间的联系被忽略，造成了其融合研究出现了创新不足、未充分研究用户共同需求等问题。文章通过对高校图书馆空间再造和智慧服务的融合研究，指出物理空间的智慧延展、虚拟空间再造、创新空间服务和图书馆智慧空间再造的融合策略，以期为相关研究提供理论参考。

高校图书馆空间服务是基于现有空间使用的障碍或缺陷而进行的有针对性的空间功能、服务、布局甚至是场景的变革，是对用户需求的适应性体现和创新发展，以及对高校图书馆未来空间架构和服务功能的战略规划的结果。而智慧服务最早因 2008 年 BIM "智慧地球"项目被社会所熟知并广泛传播，随后在社会各个领域得到迅速发展。图书馆领域也是智慧化服务重点关注的领域，且随着近年来 RFID、机器人以及各种智能空间服务的开发而得以在高校图书馆领域运用，改善了图书馆的服务方式。

在数字技术、网络技术、智能技术的不断融合应用下，高校图书馆的空间服务和智慧服务逐渐融合，智慧空间、智慧图书馆、多元空间的理论研究与实践正在引领高校图书馆的空间服务朝着更加人性化、智能化、多元化的方向发展，使高校图书馆更好地融入社会信息服务和空间服务环境，以多种角度实现高校图书馆的社会价值。

一、高校图书馆的空间再造

物理空间再造。图书馆空间再造的重点之一就是对物理空间的再造，当前部分学者指出，图书馆的物理空间再造除了要保证空间功能的多元化特点外，还需要注重保留图书馆再造空间的物理延展性。我国高校图书馆数量众多，加上各地的地方文化、建筑特点各有不同，使得我国高校图书馆物理空间存在着较大的差异，如有些高校图书馆注重空间的美学价值展现，而有些高校图书馆注重空间的实际使用价值和延展性，这些因素都是图书馆空间再造中需要重点考虑的因素。因此，如何实现物理空间再造需要充分结合高校图书馆现有需求和战略发展需求，以读者的需求变化为依托进行综合考量。

文化空间再造。高校图书馆的空间除了满足文献藏借阅的基础服务功能外，文化功能展现与文化审美观传承也是其重要功能。早期，高校图书馆对文化空间的再造主要依靠文化饰品（字画、地方特色艺术品、墙画等）来展现。进入大数据时代，高校图书馆的文化空间再造除了要满足图书馆服务定位、价值定位、地方文化定位等要求外，还应当满足用户休闲、娱乐等多种图书馆第三空间的功能服务需求。将高校图书馆空间再造从单一的文化展现功能中脱离出来，进而表现出高校图书馆空间的多元服务功能。

服务场景再造。高校图书馆服务场景再造是对现有图书馆空间服务功能的重新打造，既包括实现图书馆空间功能的服务流程、服务环境打造，也包括对服务所涉及的空间场景、视听场景的综合打造，为用户提供舒适、恬静的空间体验。同时对图书馆服务场景的设置应当打破图书馆传统的物理空间界限，主动到用户所在的非图书馆空间进行图书馆延伸服务空间的设置，在提升高校图书馆曝光率和受关注度的同时，打破高校图书馆物理空间布局限制，打造符合用户需求且受用户认可的图书馆服务场景。

二、高校图书馆智慧服务存在的问题

区域性技术创新差异大。对云服务、RFID、虚拟服务等智慧服务主要发展方向而言，当前国内高校图书馆的智慧服务还存在着明显的区域性技术创新差异较大等问题。产生这一问题的原因主要是由于智慧服务需要依赖相应的软硬件技术、智能识别技术和物理设施设备的支持，同时需要涉及大量的现有环境、设备、人员培养所需的资金支撑，总体上表现为东部和沿海地区的应用实施较西部内陆地区要高。西部内陆地区在资金方面长年得不到有效支持，使得其智慧服务往往仅限于移动服务等少数领域。

RFID 硬件服务发展较慢。当前大多数智慧服务都主要基于移动服务、云服务以及在线虚拟咨询服务等领域，与 RFID 等硬件设备关联较大的智慧服务的开发和运用还相对较少，这使得以硬件服务为基础的部分智慧服务发展较为缓慢。其原因主要在于当前移动图书馆等软件开发应用服务的成本相对较低，且图书馆的项目实施应用在移动服务等方面不涉及基础设施条件改善与重建，相对降低了高校图书馆的资金压力；而以 RFID 为主的智慧服务需要对基础服务设施（图书、门禁、借还设备等）进行系列改建与整合，对图书馆的资金压力较大，所以应用实践也相对较少。

重应用轻开发现象明显。高校图书馆的智慧化服务是一个需要长期协调改进并不断完善的服务项目，是需要在高校图书馆持续的用户调研和使用反馈基础上建立起来的良性的用户交互体系。但就现有的高校图书馆智慧化服务而言，大多数图书馆都存在着重应用轻开发的现象，大多数图书馆都主要依托业务外包等形式实现智慧服务，造成了对相关智慧服务的后期运维和开发基本处于缺失状态。

三、空间再造与智慧服务融合存在的问题

融合创新不足，缺乏自主思考和创新能力。高校图书馆空间再造与智慧服务的融合往往是功能的简单叠加，在创新融合的深度和广度上还相对不足，需要进一步加强。大多数高校图书馆将空间再造和智慧服务作为图书馆的两项事务来开展，空间再造和智慧服务在用户需求上的功能交叠并未在高校图书馆的相关业务中体现。具体而言，可以将基于 RFID 的智慧化改造与空间功能、服务功能重构融合，在改善用户的馆内利用空间现状和物流、用户流、工作流的智慧控制相融合，也可以将移动服务与图书馆虚拟空间、创客空间建设相融合，这些都属于可融合的范畴。

对用户功能需求的交叠研究还需进一步加强。用户的需求不仅表现在对图书馆物理服务空间的舒适性、安全性和体验感的要求上，还表现在对多元功能的交叠重合的满足上。具体而言，用户既需要图书馆提供恬静、闲适的物理空间，也需要图书馆在该物理空间中实现 wifi、移动接入、虚拟学习、协作研究等多种功能，所以除了现有的研修间、研讨室的功能外，高校图书馆的空间再造也可以打造基于智慧服务的虚拟研讨空间，满足不同用户的空间和智慧服务需求。

对现有实例的分析吸收还不足。在互联网环境下，优质案例一般会得到广泛宣传与迅速传播，进而形成一系列的类似建设，在空间再造和智慧服务方面，这种现象也较为常见。但由于各地地域文化、高校图书馆特有价值体系、认同感等方面的不同，相应的照搬行为并不能体现案例的技术革新和理念创新对图书馆服务的转型和促进。以 RFID 为例，大多数高校图书馆也仅仅实现了在服务方式、用户操作方式的转变而并未实现进一步的自创和发展，所以当前对于智慧服务和空间再造还存在着对现有实例分析、吸收不足的状况。

四、空间再造与智慧服务融合策略研究

从空间服务的发展历程上看，高校图书馆经历了从藏阅空间到藏阅休闲服务空间多元转变，实现的不仅是空间结构的改造，同时也实现了服务模式的转变和与读者的交流共融。在智慧服务方面，高校图书馆经历了从文献服务、信息服务、知识服务等早期的信息服务阶段，再到知识服务并向智慧服务转化的历程。而对于两者的融合研究，其内涵是建立在将高校图书馆空间进行智慧化、功能化升级的基础上，使用户身在图书馆却不受图书馆空间、技术的限制，进一步提升用户的使用体验，推动高校图书馆信息、知识服务的再现、凝练与发展。具体而言，两者的融合可以从以下几个角度入手。

物理空间再造的智慧延展。部分高校图书馆的空间再造都将打造特色空间、文化空间作为构建物理空间结构的基础，在一定程度上限制了图书馆空间的延展性，所以可以结合智慧服务手段，在物理空间购置的基础上提升高校图书馆空间的延展性。具体可以爱丁堡大学的数据服务整合项目为例：该馆在旧馆改造过程中，注重将现代信息服务融合到已有的馆舍空间改造中，通过服务集成和空间再造，将该校内外有关数据服务、数据管理、数据素养教育的机构

和服务（具体包括爱丁堡并行计算中心（Edinburgh Parallel Computing Centre，EPCC）、软件可持续性研究所（the Software Sustainability Institute，SSI）、数字内容管理中心（the Digital Curation Centre，DCC）、EDINA数字中心和爱丁堡图书馆信息服务（Information Service，IS））5个方面的内容进行了有效整合并安置到了其位于阿盖尔的研究区域，这既是对图书馆现有空间再造的适应性延展，也是将智慧服务与图书馆空间再造有效结合的典型案例。对于国内图书馆而言，也可以通过在空间再造的过程中充分吸取相关单位、智慧服务机构的意见，综合提升图书馆改造空间的知识服务与智慧服务能力，实现高校图书馆物理空间再造的有效延展。

  虚拟空间再造与智慧服务的融合。高校图书馆的空间再造不仅包含实体物理空间的再造，也包括虚拟空间的打造，高校图书馆应借助现有的实体物理空间环境条件，打造能够实现用户协同研究、协同创新的虚拟空间。所以，这一方面与图书馆的智慧服务有一定的共通点，即实现高校图书馆的智慧空间网络，部分高校图书馆通过打造在线虚拟图书馆空间，将图书馆的服务、资源在虚拟空间中得以再现；同时在虚拟空间中实现资源服务与在线咨询，使用户在网络环境下也能感受到高校图书馆的服务与文化价值。

  创新空间与智慧服务的融合。高校图书馆的空间再造还涉及特殊空间的打造，如创客空间、知识共享空间、学习空间等空间功能的打造。但是目前国内的创客空间也出现了一些问题，如仿造者、追随者众多，但创新程度不足，具体表现为全国各地创客空间、创客协会众多，但真正在图书馆引导下作出成绩、取得效果的并不多。部分孵化器仅仅打着"助力双创"的旗号从政府手里占得建筑用地，但实质上无法产生有效的收益或者产出。所以，高校图书馆的空间再造创新，应充分走出传统的空间服务与读者服务的范畴，在社会服务层面进行融合，如通过创客空间来实现社会读者的教育或是将社会读者的意见纳入高校图书馆空间再造的创新功能设计，等等。

打造图书馆智慧空间。高校图书馆的智慧空间是对图书馆现有知识、信息的重组和整合，是在高校图书馆服务功能重组后实现的图书馆空间的知识立体化空间服务平台。从技术构成上，高校图书馆智慧空间需要依托图书馆现有的物理空间条件或是对原有的空间布局进行整合再造，再依托当前先进的技术设备从现实社会中收集数据并进行分析形成信息，同时结合网络信息抓取程序对互联网抓取的信息进行整合，统一形成知识单元或信息单元的形式。所以，打造智慧空间首先需要涉及对原有空间的物理条件（空间现状、设施设备空间、人员活动空间、交流空间等）进行综合评估，并依据高校图书馆的服务规划构建各类空间功能（知识存储空间、学习空间、虚拟学习空间）等，在满足读者基本需求的基础上，实现如馆舍、文献、计算机、馆员和服务对象等的畅通交流，同时实现各关系链（物与人、人与技、实与虚、主体与客体、局部与整体）的有效融合共通。

目前，针对空间再造和智慧服务融合的研究还处于摸索阶段，高校图书馆空间再造以及智慧服务的实施会受到资金、技术、人力以及社会现实观念的影响，相关的研究尚无广泛的实例可供借鉴。将空间再造和智慧服务融合既是对高校图书馆现有服务能力和服务需求的有效整合，也是高校图书馆转型发展和稳步实现社会价值的重要渠道，急需在图书馆的实践研究中进一步深入扩大，在实现以人为本的服务理念的同时，体现高校图书馆的更好、更具有价值的发展思路。

第五节　新媒体背景下高校图书馆智慧服务管理

在当今高校图书馆的智慧服务体系中，开始有序地融入越来越多的新媒体技术，比如说新的经营理念模式，新的服务形式，新的技术要求，这些是当前高校图书馆的主要研究方向。要研究新背景下图书馆智慧服务策略，就要仔细分析新媒体等技术的融合对当今高校图书馆智慧服务体系的影响，深刻了解智慧图书馆带来的独特服务感受，并切合实际提出如何建设新媒体融入后的高校图书馆服务体系。希望本节可以为高校图书馆建立智慧服务体系提供帮助。

随着时代的发展，新媒体技术也在持续不断的进步中，由此产生一个必然的趋势，那就是将传统的媒体技术和新媒体技术大范围的融合，并应用到各种服务行业当中。近些年来，新媒体技术也逐渐应用到高校的教育体系中，现在各大高校的图书馆也都在致力于建设新媒体智慧服务体系。但从实际成效来看，许多在新媒体融入背景下发展起来的新技术都没有得到充分利用，并且在很多高校图书馆的服务体系中，都还存在很多业务发展一直停滞在单一媒体阶段，这样就无法满足用户对多元服务的需求。所以，将新媒体合理融入高校图书馆的智慧服务体系中，是十分重要也是十分必要的，应该引起各大高校图书馆重视并努力实现。

一、媒体融合与智慧服务

新媒体融合概念。"新媒体融合"技术其本质是数字化技术和移动互联网技术的相互结合。它们互相结合，共同应用，可以大幅度降低信息传播的成本，那是如何降低成本的呢？其一，数字化技术可以让文字、声音、图画、影视等传统的媒体内容提高在传播时的承载能力。其二，移动互联网技术不但能让用户无论何时何地都能收到准确的数字化信息，还可以提高信息传播效率，可谓是一举两得。从根源上分析，媒体融合就是将传统的媒体和新式媒体在技术上、内容上进行合理的互相融合。在媒体融合的过程中，传统的媒体方式主要是提供传播的主体和新式媒体提供的主体进行资源上的共享，并且在这个过程中设计出具有新形式的媒体产品，随后利用互联网的将其传播给不同的媒体用户，"媒体融合"是当下信息发展迅速的情况下所产生的一种全新的理论，它将会同科技的进步在很多不同的领域中取得更多的发展与突破。

图书馆智慧服务特征。对于物联网所融合的智慧图书馆，使图书馆的建筑风格、资源设备、服务技术等多种元素互相结合链接，就形成了物联网，达成了多种元素都融合智慧化的结果，例如设备智慧化、服务智慧化等，以上这些元素都体现了服务至上，以人为本的服务理念。所谓智慧图书馆，其智慧主要体现在智慧的图书馆服务人员、图书馆内高科技的设备以及图书馆本身所具备的多元化的图书资源、信息资源等。这些高科技服务手段可以提供给用户随处可见，多种多样的知识需求以及良好的创新服务。简而言之，智慧服务就是要结合知识作为基础，技术作为依靠，用户需求作为发展方向，创新创作作为最终目标来保证让用户和创造者都满意的服务水准。

现代智慧图书馆的智慧服务体系，相比较传统的数字图书馆来说，其具有更加突出的智慧服务特点，例如在服务过程中能让用户体会到更强烈的虚拟效果，服务人员把枯燥的图书文字资源转化成为虚拟的无障碍图书资源总体；让用户在体验过程中更加具有主动性，服务人员会根据用户的兴趣爱好和自身需求向用户提供最为准确适宜的图书资源，让用户更加满意；提供更加有个性、更加独特的服务，让用户在学习时享受其中，服务人员把信息有针对性的提供给用户，让他们得到最需要的服务体验。

二、高校图书馆智慧服务的主要内容

为专业学习和教学研究提供服务。智慧图书馆是以人为最主要因素,以科学技术、信息传递作为基础来发展起来的,智慧服务是它所发挥的主要功能。智慧图书馆可以参与讲学与学习的过程,其可以通过虚拟信息的传递来将上课的过程记录下来并进行仔细分析整理,可以为师生提供比较详尽的学习资料以备后用;新媒体的融入可以创造出智慧课堂,利用高科技技术进行创新式学习,让学生学习兴趣更加浓厚,情景交融的学习可以让课堂效率更高;可以综合学校的科教资源,对学校的重点发展学科进行分析,对学生和教师的具体情况进行分析比较,这样可以提高学生对知识的吸收程度,图书馆工作人员利用新媒体技术将学科的研究重点问题收集起来,并进行分类处理,这样既可以预判学科的发展动向,也有助于加深各个学科研究的深度和广度;智慧图书馆可以参与教学成效的评估,基于物联网,利用大数据及云计算等技术,智慧图书馆专业人员可将各学科的教学成效进行客观评价并跟踪。

为科学研究提供服务。一方面,为参与重大课题项目的科研型读者提供知识导航。所谓知识导航,是指从各种显性和隐性的信息资源中利用馆藏文献和设备,对相关书刊进行搜寻、评价、解答疑问的过程。同时,智能图书馆不能仅仅满足于提供借阅性服务,而应该采取全程化、一条龙式的服务,为他们从事课题项目研究提供专题资料、信息推介、课题查新等定制跟踪式服务,促使他们节省时间,早出成果、多出成果。

三、新媒体融合背景下的高校图书馆智慧服务体系

媒体融合对高校图书馆智慧服务体系的影响。现如今高校智慧图书馆的建设都突飞猛进,越来越多的高科技手段被应用到现代图书馆的服务体系当中,

新媒体的融合更是给高校图书馆带来不可缺少的优势和发展前景。首先，新媒体的融合使高校的图书馆在数字信息方面的建设问题得到改善，让资源得到整合和最大程度地利用起来。其次，新媒体融合可以建立起个人的数字化的图书馆，方便人们自主选择自己需要的信息知识。同时，新媒体技术也应用在服务体系的层面中，用嵌入化的方式将服务发挥到极致，让越来越多的人受益其中。

对高校图书馆信息资源建设的影响。高校图书馆智慧服务体系所依托的技术基础与媒体融合所依托的技术基础基本相同，即数字化技术和移动互联网技术。这就意味着媒体融合技术环境的改变和发展，必将会波及高校图书馆智慧服务体系的形成。

对高校图书馆用户服务能力的影响。尽管当前高校图书馆通过建立数字化图书馆服务平台，推动了即时服务、网络社交在部分知识服务领域的应用，用户的个性化体验也得到了一定程度的满足。高校图书馆有必要借助媒体融合的环境优势，来实现智慧服务目标下互动化服务的全方位覆盖。从发展动向来看，高校图书馆需要努力探索用户通过移动新媒体设备与图书馆进行知识创新。

对高校图书馆员综合能力的影响。传统人工式的知识服务模式将进一步减少，馆员的综合服务能力素养也必须适时进行转型升级。更多情况下，馆员必须具备一定的技术背景以及新媒体运营管理经验，才能充分胜任智慧服务体系下图书馆的岗位职责要求。

媒体融合环境下高校图书馆智慧服务体系建设的对策。

加强数字馆藏资源建设。加强有关数字馆藏的建设，这是各人高校建设智慧型图书馆服务体系的基本要求。所以高校图书馆在加强馆藏资源建设的过程中一定要适应新媒体融合的智慧服务体系，提高图书馆数字馆藏资源的创新性发展管理，并且注重对数字馆藏资源进行具体的分类和整合管理系统，在发展过程中不但要让用户们感受到前所未有的独特性服务，而且要充分突出图书馆的知识类服务体系可以满足广大用户的要求。与此同时，高校图书馆发展的主体方向应该要让用户更加满足于服务体验，并建立起专门的数字馆藏资源共享平台来供给用户来使用智慧图书馆，馆藏资源库中的内容也应该充分满足广大用户利用一些移动的新媒体设备和技术来合理使用图书馆并进行创新性发展，例如深度挖掘知识的价值，发展知识的创新等，同时要满足知识发展所带来的生产力提高的需求，这也是将新媒体技术融入高校图书馆并发展利用的途径之一。除此之外，还应根据当前各个学科的发展变化过程以及信息应用的技术进步来进行适当的调整，以便满足读者各个层次的个性化智慧服务。

加快移动终端APP的开发。当前，各行业在发展自身智慧型服务体系建设的热点问题，就是关于在新媒体技术融合发展的大环境下，怎样才能通过开发和发展自身的移动终端手机软件APP来吸引各种用户人群。目前，高校移动图书馆学习软件有三个重点发展方向：第一，让实体图书馆的数字馆藏资源库和移动APP中的检索功能进行最大程度上的衔接，方便用户在使用移动图书馆时能检索并阅读到更多的数字资源。第二，目前大多数的移动图书馆软件功能还都仅仅停留在基础的知识检索以及知识问答等功能，所以在软件中实现高端的服务功能是必不可少的，软件的发展创新能力还有待提高。第三，可以在移动图书馆软件中开发出社交活动的功能。这样就可以增加用户和用户、用户和创作者等关系中的交流，也方便在知识资源的整合与进步。

推动组织机构和业务内容的重组。一方面，高校的图书馆要摆脱原来传统以馆藏图书的编制码和信息的推送方式为主体的知识服务层析体系，必须要通过技术的持续融合让学习资源得到最大程度的利用，形成多元化的知识利用体系并且来满足用户的多方面需求。另一方面，各大高校的智慧型图书馆服务体系的主体服务方向也在逐渐发生变化，也要求高校图书馆的知识的供给能力和服务的提供水平要不断创新提高，这样要求的实现离不开现如今大数据的采集运用、云端服务器等高新技术的融合，高校一定要致力于发展一队可以熟练使用各种新型技术的图书馆服务人员，让用户得到更完美的体验。

构建区域高校图书馆智慧服务联盟。在新媒体融合的大社会环境中，数字化的图书资源、高新科技设施和设备以及进行专业化培训过的服务团体作为现如今高校图书馆智慧服务体系的三大发展支柱，它们互相协调发展让智慧图书馆具备成功有序的发展前景。但是从我国现实情况来看，除了一些有高度经济和技术实力的高校条件允许独立建设图书馆智慧服务体系外，在国内的大部分高校的图书馆都没有实力来单独建设一套完善的具有知识资源和服务体系的智慧型图书馆。由此可知，在建设图书馆时走联合发展智慧型图书馆的道路是十分必要的，充分整合利用各高校的优势资源，勾勒出具有高度服务职能智慧服务体系的蓝图。对于一定范围内各高校图书馆智慧服务进行联盟构建，首先要重视各个数字馆藏资源库的共享，尤其是将有特色的资源进行分享。其次可以通过创造区域内共用的新媒体网络平台，进行全面的在信息传导环节的合作。最后，也是最重要的，就是要让进行过专业化培训的图书馆员互相配合及协作，提高图书馆面向各类读者个性化需求的供给水平。除了上述措施之外，各高校还可以考虑在构建好联盟的基本服务框架之外，和一些开发软件的企业、社交网站、学习资讯网站等团体开展合作活动，从而实现更加完善的面相市场化模式的服务操作，以便扩大使用智慧型图书馆的用户范围。

在高校逐渐发展起来的图书馆智慧服务可以被称作是一个有动态特点的体系，随着时代的发展，只有将与时俱进的新媒体以及其他新型技术和全新的服务理念融入其中才可以促使该体系进行全面的改革和进步。在将来的社会当中，会有越来越多的互联网技术，例如人工智能、物联网、5G通信、区块链等不断发展成熟并且融入更多的新媒体运营模式。所以新型媒体的传播和服务技术都将会有进一步的提升，转变高校图书馆的传统运行方式是必然的趋势。高校图书馆应该牢牢抓住这个难得的机会，将当前新媒体融合状态中的各种元素都体现在服务体系的各个阶段中，这样才能更好地让师生和整个社会受益其中。

第六节　网络环境下图书馆智慧服务建设走向

到目前为止，图书馆建设的发展新方向就是如何在网络环境下开展高校图书馆的智慧服务，本节主要在分析智慧图书馆理论的基础上，再提出了一些对高校图书馆智慧服务的几种创新模式，以及对高教图书馆智慧服务建设的几点策略。有关部门建立起智慧服务，以图书馆的服务水平来评估其质量，促进我国公共图书馆类的发展和完善。

近年来，我们国家在以肉眼可见的速度发展。在物质经济高速发展的同时，还要满足人们的精神文化建设，公共图书馆的智慧服务建设变得越来越重要。公共图书馆的建设难度也不断增大，人们希望可以建设出一套具备公共图书馆智慧服务水平的管理体系。借鉴其他公共服务设施体系，带动图书馆服务的发展。为满足人们的精神文明建设，引导人们建立正确的主体思想，丰富人们的日常生活。图书馆需要一套良好的服务水平和绩效评估体系，这样可以提升公共图书馆综合水平，使图书馆的建设更加科学化、文明化、人性化，在我国整体范围内形成一种文明的效果。

一、智慧图书馆理论

人们随时随地、无时无刻不在利用网络来获取丰富的各类服务和信息。在这网络极速发展的时代背景下，高校图书馆在社会的信息中有着极为重要的作用，可以说是社会中的文献信息中心，因此国家和政府要加强对高校图书馆智慧服务建设的关注和重视程度。让图书馆的服务更加高效，把图书馆进一步深入发展的契机给牢牢地把握住，充分地发挥出丰富图书馆的职能和智慧服务，更好地为社会服务。对于图书馆的智慧服务建设来说，进行有规划的实践性探索是非常有必要的，同时需要重视应用性尝试和研究在具体业务中的实现。

在网络环境中的各种要素要与智慧图书馆的理念进行有机的结合。在2003年的时候，智慧图书馆的理念就已经被提出了，但是在那个时候智慧图书馆的发展还是不够完善的，直到 IBM 提出的智慧地球的理念以及云计算和大数据技术的时候，智慧图书馆才得到真正的长远发展。同时传感器的技术对智慧图书馆的发展也有着很大的推动作用，对高效智慧图书馆的发展有着最大推动效果的就是智慧校园的建设，起到了极大的促进作用。智慧图书馆有着许多优势的特点，比如：职能建筑化，信息交换智慧化等等，这些特点对图书馆智慧服务建设来说有着很大的帮助。智慧图书馆的服务模式构建的理论依据是关联主义和信息情景感知的学习理论。智慧图书馆为充分有效的利用图书馆的资源提供的很大的技术支持，在长尾理论的成功典例下。

二、在网络环境下图书阅读智慧服务的必要性

随着我国信息技术的极速前进，人们获取知识与资源的手段也变得越来越科技化。在生活的阅读中，手机、电脑、网络已然逐步进入我们的生活中，这些阅读方式对于我们的资源获取来说有着很大帮助和作用，帮助阅读提供了丰富的资源。

三、高校图书馆智慧服务的创新方式

图书馆位置导航服务。为了能够准确而又迅速的确定图书的位置，帮助读者快速地查找到图书位置，导航服务提供了很大的智能地图支持，它是根据图书的位置信息，在位置服务的室内定位的基础上，建立起一套全部图书的定位数据库。然后通过设备的感知系统可以知道读者想要的图书在哪个位置，然后来寻找图书，既方便又迅速，对图书馆的智慧服务发展来说有着很大的作用和意义。虽然说，图书馆的位置导航服务有着很大的优势所在，但是就这目前的图书位置导航服务来说，仍然存在着许多的不足，有着很大的提升空间。而且还处于一个研究的状态，只有在一些规模较大的图书馆内才有图书位置导航服务，机器人自动上架基础也是这项技术的扩展。但是在我国还没有实现，在日本等一些其他事的国家机器人自动上架技术已经得到兴起，因此我国在此方面要不断加强重视的程度。

移动学习服务。要想为读者提供更好的移动学习技术，就要通过移动终端的移动图书馆技术来实现，读者在移动终端学习之前，要先用移动终端来访问 WAP 网页或者是通过安装相关的 APP 应用软件来进行登入，这样才能够进行移动学习。微信接口时能够和移动学习平台实现同步的，同时也能够与 MOOC 或者一些其他的第三方平台进行对接。例如智：慧树，超星，学习通等等都能够用在移动学习中，在图书馆就会把学习平台的各种知识进行整合，然后形成一定的学习系统。通过数据的传输，并且用检索就能够进行学习，对读者的移动学习来说有着很大的方便之处，在很大程度上对读者提供了服务。

职能自助借阅服务。读者在到达图书馆的时候，一般来说可以通过预设的物联网来迅速找到文献的详细出处。这些物联网一般都是由 RFID 装置，GPS

定位扫描以及图像识别器来进行组成的。通过这些物联网能够让读者在不需要图书管理员的情况下，就实现对图书的寻找的借阅，自主借出和归还图书实现对管理系统的保障工作。而且这样一来对于每本书来说就会有着一个借阅的记录，方便了对图书的管理，同时还能够减少或者避免在借阅的过程中出现的混乱情况，对于图书馆的人员雇佣也有着很大的节省。读者可以利用图书股的智能终端来进行身份确认，然后进行一系列的图书馆操作。在图书馆系统的移动系统背景下，例如，图书借阅与归还，图书的查询，文献的检索，移动终端的学习等等服务。通过使用职能终端极大程度上方便了读者的图书馆资源使用，在图书馆的管理系统上这方面已经有着很大的实现。在信息技术的技术发展背景下，在未来的不断发展中，图书馆的智慧服务智慧变得越来越智能，越来越方便，实现图书馆信息资源的最大化利用，同时在将来对于人机的交互应用也有着很大的意义。

个性化推荐服务。个性化推荐服务在图书智慧服务建设中对读者来说有着极大的优势，就是说图书馆的智能系统能够根据不同读者之间的喜好，以及一些使用的习惯来提供适合的个性化推荐以及图书的推送，对于读者的选择来说有着很大的帮助。例如，在读者进行图书的检索的过程中，系统会自动的更具读者的检索来生成对相关图书的推送，这些推送都是通过读者输入的主干信息来进行筛选的。然后把图书的位置以及介绍，通过动画的形式来传递给读者，这样一来读者就能够直观地了解到图书的具体位置。不仅仅是如此，个性化推荐还能够帮助读者，在选择图书后进行自动的小理借阅以及图书预约等一系列的手续。对于长期使用的读者来说，个性化推荐会根据读者的日常借阅情况以及年龄性别等一些基本的情况，给读者制作出一套可能感兴趣的专区来给读者提供阅读的选择。

社交网络服务。在图书馆中，不能够仅仅时局限于对图书的借阅之类的，图书馆借助移动互联网。图书馆 WIFI 以及图书馆中的 SNS 来是实现对资源的共享和分享，同时读者还能够通过这些来进行社交，实现在图书馆中读者与读者的思想交流，为读者与读者之间构建起一座桥梁，便于读者之间的相互帮助以及相互交流。例如：在阅读的过程中读者，可以通过社交网络来与他人进行沟通，相互交换自身的观点以及思想领悟。实现引导读者对图书馆的充分利用，让图书馆发挥出其最有效的方式就是社交网络，通过社交网络来加强读者之间的知识传递和思想沟通。

四、高校图书馆开展智慧服务的策略

（一）高校图书馆开展智慧服务的优势

合作共享，节省资金投入。图书馆的智慧服务在所在的领域，区域性和专业性的联合开发中有着较为明显的领先，在国内许多的 985 和 211 之中。一般来说图书馆的智慧服务是一个很好的选择，在合作共享以及扩大资源的利用之中。对于那些资金较为紧张的院校更是再合适不过了，因此相关部门加强对高校图书馆的智慧服务是非常重要的。在推动智慧服务重高校图书馆的合作模式有着很大的帮助作用，例如：高校图书馆的 RFID 技术的应用联盟，在清华大学图书馆联合上海交通大学图书馆和香港城市大学图书馆实现了建成。同时也建立起了统一的规范根据图高校图书馆对于 RFID 的设备要求下，提出了一些个性化的需求对于图书馆的各个成员馆，积极的研发专项实验，签订合作协议与设备厂商，确保实现迅速的发展高校图书馆在 RFID 的领域。

在同一的平台下，进行个性化定制。为了某个具体的目的或者说解决某个具体的问题而建立的，这就是智慧资源的个性化定制体现。例如，为了满足一些类型的读者在特定上的要求而建立的学科专业知识平台。

在功能上满足读者的需求，动态性强，特色鲜明。一般来说智慧服务有着较强的动态性，在数据的增补以及修改中，呈现出较为灵活的特征。智慧服务在基础数据上有着专题数据库以及学位论文数据库等资源为其支撑。

（二）高校图书馆智慧服务的两个发展阶段

轻量级智慧服务项目阶段。优势在智慧应用的数据上有着很大的凸显。例如，Lib3.0 的背景下构建的自主学习环境，实现自主学习平台的构建。教师和学生可以进行有关问题的双向沟通和交流以及一些协商和对话。通过灵活的运用信息联络小组或者互动信息咨询平台，在很多的图书馆中都能够实现建立因为这样的服务规模并不是很大，保障了智慧服务平台的建立数据对数据库量的积累。

大规模追平台阶段，打造智慧服务精品工程。通过对数据库集成技术的不断资源整合者达到一定的积累量下，就能够实现智慧服务平台质的飞越。图书馆内要进行广泛的智慧资源收集来扩大服务的规模，不断实现资源度的提升，同时为了帮助机构实现对数据的完整性就要对其进行监督管理。从读者的角度出发进行功能的完善以及友好界面的建立，不断实现智慧服务交互性。

高校图书馆开展智慧服务需要在互联网上与图书馆的业务进行深度的融入，大数据以及云计算等技术的快速发展背景下，通过对图书馆进行不断的革新金额完善。同时结合图书馆的时间资源情况，以及现如今先进发展的技术来为读者服务，让高校图书馆的智慧服务迎来一个百花齐放。

第七节　智慧服务环境下图书馆读者隐私保护

　　大数据、云计算技术让图书馆数据的价值得以转换,然而数据价值发掘过程必然涉及读者隐私。如何在数据价值挖掘过程与读者隐私保护之间构建平衡点,是实现图书馆智慧服务的前提。文章通过对读者隐私保护的技术方法与社会方法的梳理与归纳,找出读者隐私泄露的内外成因,从数据使用、数据安全、数据发布三个方面进行读者隐私保护策略研究,并在此基础上构建了一套适应高校图书馆智慧服务的隐私保障体系。

一、研究背景

　　2003 年,芬兰学者艾托拉(Aittola)在"智慧图书馆:基于位置感知的移动图书馆服务"一文中首次提出"Smart Library",随后引起了学者的广泛关注。国内智慧图书馆的相关研究始于 2010 年。

　　近年来,数据安全问题形势不容乐观,用户数据泄露事件频发。在涉及个人信息和隐私保护方面,各国通常都会通过制定法律、法规及相关政策约束网络服务提供商收集个人信息的内容和途径,控制被收集信息的使用方法,掌握被收集信息的使用情况,并据此对个人隐私进行保护。而为了解决在数据价值利用与信息利用过程中不侵犯用户隐私这一难题,学者们一直致力于建立基于社会隐私政策与技术方法相结合的保护机制,以求达到数据发掘与用户隐私保护的平衡。智慧服务需要感知读者需求,获取读者使用图书馆的相关数据,挖掘并分析数据中有关的资源、空间、服务需求,为图书馆智慧服务提供数据决策,以期达到服务的精准性。通过归纳、分析研究文献,发现与读者隐私保护相关的社会方法研究主要为：隐私政策相关的实证研究、隐私政策实践应用研究、隐私政策内容表述与协商研究等三个方向。技术方法研究主要为：密文计算、密文访问控制和密文数据聚合。数字图书馆发展至今，数据使用、数据安全与数据发布成为图书馆为读者权益保护和服务质量保证的重要因素。图书馆获取读者使用图书馆的行为数据，依据该数据能够动态感知读者的需求。行为数据涉及读者的数字图书馆使用习惯、地点、时间以及研究领域等信息，图书馆针对其进行多维度的数据挖掘及分析可能侵犯到读者隐私。隐私保护研究依托信息安全与大数据，而大数据是支撑智慧服务实施的前提，因此，读者隐私保护是图书馆智慧服务研究与实施的重要环节之一。本研究对"互联网+"环境下的高校图书馆智慧服务的数据价值发掘以及读者隐私保护进行了综合性的梳理、分析与研究，探索两者之间的平衡点，构建平衡模型，供图书馆界探讨与完善以解决两者之间存在的现实问题，探索数据应用与隐私保护问题的解决策略。

二、智慧服务、数据价值与数据安全

数据价值支持智慧服务。大数据应用实践的关键在于其业务价值的体现。数据价值与业务需求息息相关，不同的业务需要不同维度的数据价值，所需结果也不尽相同。数据价值的发掘，不仅可以在海量数据中获取有业务价值的信息，还可以降低数据密度，提升数据的应用性。大数据区别于传统的统计学数据处理方法，主要是数据挖掘的限定规则较为宽松。智慧图书馆建设在以挖掘业务数据价值为基础的前提下，存在着以下问题：①随着数据量激增，多维度的进行数据采集、存储在一定程度上降低了数据价值的密度。②虽然多元化的互联网业务平台可以为读者提供个性化的服务与资源获取的便捷渠道，但是多渠道服务的模式使得数据不断增长与沉积，导致了数据的复杂性与多样性，数据的价值密度低、价值提取难度增大。③数据已经成为业务决策的新的要素，有效的数据提取、数据应用价值的提炼是直接影响图书馆业务决策、智慧服务效果的因素之一。多维度的数据关联与挖掘，涉及读者信息安全与隐私的问题也越来越突出。数据价值越高，支持智慧服务实施的效果越好，数据安全风险越高，隐私泄露概率越大。

智慧服务提升业务效率。智慧服务依托业务系统的数据支持，构建一套感知化的服务体系，能够挖掘用户需求，从而进行多元化、个性化服务。数据安全性与稳定性往往直接或间接影响着智慧服务的结果。互联网的高速发展不断产生各种类型的数据，如，结构化、非结构化与半结构化数据，他们相互作用，融合在各种业务系统中，保障业务的正常运行。据不完全统计，国外平均每秒就有大约200万人使用Google搜索，Facebook的用户每天共享的信息超过40亿条，国内的微信、微博也拥有相似量级的数据信息，这些数据被商业机构运用于科学计算、医疗卫生、金融与零售等各种行业，并取得了一定的效果。持续的数据利用以及对数据的挖掘，不仅可以发现其显性价值，也可以发掘其隐性价值，大数据逐渐成为继云计算后计算机信息科学领域一个新的增长点。人们在享受互联网各种服务的过程中，往往愿意牺牲部分隐私而获取便捷的服务。在信息社会环境下，用"鱼和熊掌不可兼得"来形容智慧服务与隐私保护两者之间的关系也不为过，"隐私"的定义也随着社会发展而发生改变。

大数据量已经超出人工处理的能力范围，根据业务需求的数据价值提炼，是实现精准服务的重要环节，数据价值提取的精度越高，智慧服务的效果越好，效率越高。科学数据具有周期性，数据价值也有周期性。动态的、实时的数据价值的提取，能使智慧服务在短时间内及时、精准地提高读者的满意度与忠诚度，以智慧服务为主体的业务平台，读者黏度是否得到提升，是平台建设成功与否的关键。

数据安全影响智慧服务。大数据的价值体现在宏观层次的全面性、微观层次的精确性，大数据价值具备准确性、及时性与个性化的特征。高校图书馆的智慧服务，需要发掘读者相关数据的价值，以此反馈学科服务，提升其准确性、及时性。在方法上，可以借助于信息检索、资源服务、决策支持、数据挖掘、创新驱动等解决实际问题。数据是智慧服务的基础，数据的安全性与稳定性，直接影响到智慧服务的效果。工业和信息化部2016年印发《大数据产业发展规划（2016—2020年）》中将数据作为国家基础性战略资源，认为"数据"是21世纪的"钻石矿"。因此，真实、可靠、稳定的数据，可以用以作为宏观决策的依据，并能够真实反映业务动态、社会现象等微观层面难以描述的现象。由此数据安全性与稳定性就显得尤为重要，对于用户而言，数据安全与隐私问题关注度较高。

数据挖掘获取数据价值。数据挖掘是为了获取用户信息行为中隐藏的需求，图书馆等机构据此可以开展个性化服务以及制定对应的管理决策。如，图书馆常用的数据统计方法联机分析处理（On-Line Analytical Process，OLAP），其最大的特征就是设定需要监测的数据维度，以达到动态获取分析结果的目的，其特点是基于数据库层的在线分析处理程序。OLAP与数据挖掘在适用性方面存在着差异，主要区别在于数据挖掘过程中产生假设，而OLAP用于对这些假设进行验证。

OLAP是使用者为了满足某项业务的分析需要，假设一些问题或者场景，然后运用OLAP验证其假设是否成立。如，图书馆管理系统中的读者借阅信息分析，电子资源统计分析系统以及电子资源远程访问系统中访问量、下载量的统计分析等都是按照时间轴来呈现借阅量、访问量和下载量等读者使用信息的。OLAP 由业务管理者主导的假设也存在着一定的缺陷,如业务管理者由于主观限制,未能够从整体角度发掘数据的规律。基于多维度的大数据挖掘在不设定规则的前提下验证假设、探索规律、发掘未知信息、找出事物发展方向等,这些都是 OLAP 不能实现的。人们受到其教育背景、想象力等因素的限制,经验主义也不能够在创新领域得到更大的突破,由此,基于大数据挖掘体系的构建,能够改变经验性的归纳总结关系,并辅以 OLAP 确认关联性,才能在数据关系模型的创新性方面得以突破。智慧服务不仅需要 OLAP 的多维度统计支持,更需要图书馆业务数据的挖掘以获取智慧价值的协助。智慧服务建立在数据价值获取的基础上,数据价值与服务"智慧"性成正向关系。数据价值的获取离不开数据安全的稳定性与可靠性,其中数据安全涉及用户个人信息的隐私问题,即数据隐私,因此,一个稳定的智慧服务系统应包含完善的用户隐私保护框架。

三、数据挖掘环境下读者隐私保护技术方法研究

数据挖掘是从数据中获取信息和知识的过程,最初的数据挖掘研究是基于数据库的知识发现。互联网技术的发展给用户的生活带来便利的同时,其服务模式也逐渐被用户接受。用户数据是挖掘的对象,高质量的数据能够提供准确的信息,但数据统计及分析会涉及用户隐私,而数据发布也可能侵犯用户的隐私。由此,学界致力于探索数据挖掘过程中对用户隐私保护的方法,其中,通过数据挖掘的方法制定相应的保护策略是目前采取的主要途径。如,针对数据挖掘中聚类分析的隐私保护方法,差分 DPkmedoids 算法,以及在云计算中的运用基于格的隐私保护聚类数据的挖掘方法。针对隐私保护序列模式挖掘问

题，提出了项集的布尔集合关系概念，可以在保护原始数据隐私的前提下准确地挖掘出频繁序列模式的任务。聚类分析指将物理或抽象对象的集合分组为由类似的对象组成的多个类的分析过程，它是一种重要的人类行为。图书馆业务的数据使用可以分为以下三个角度。①资源角度，即纸质资源、电子资源等结构化数据。资源使用数据可以借助于图书馆管理系统以及互联网监测工具（如OLAP系统）完成多维度的统计，如基于网络监测的电子资源统计分析系统和基于地址重定向的域外访问管理系统。②空间角度主要涉及图书馆空间管理方面的数据，包括读者进馆数据，使用无线网络数据以及座位使用数据等。空间服务的读者利用数据的获取可以通过相应的业务系统的统计模块获取。③服务角度包括文献传递、查收查引、查新等涉及读者直接需求的数据。对从服务角度获取的数据进行统计分析时可以利用OLAP来完成。当前，图书馆业务数据只停留在收集保存的阶段，其统计分析工作仍然需要人工完成。因此，图书馆业务的开展，需要OLAP系统对业务系统进行初始的统计分析，从而进一步驱动管理决策。

基于差分隐私保护的DPk—medoids算法应用。信息窃取者想要获取某一个数据集（除这段记录之外的其他所有信息），利用差分隐私保护模型能够保证窃取者不会利用其余的记录，从输出结果中获取额外信息。然而信息安全保护者所关注的是在聚类过程所公布的信息中，用户隐私不被泄露。在提交聚类查询信息过程中，返回的结果已经是被差分隐私处理过的结果。在每次发布真实中心点之前使用拉普拉斯机制对中心点加噪，再发布加噪之后的中心点，在一定程度上保证了个人隐私的安全性以及聚类的有效性。但是在复杂多变的互联网环境下，其攻击方式也在不断变化，因此防护策略也需要动态、及时调整，才能避免由于数据隐私泄露造成的损失扩大。

基于格的隐私保护聚类数据挖掘方法应用。在云计算的环境下，公有云为机构提供了数据存储的空间，提高了机构的效率，但是数据的安全性与稳定性问题也随之被业界质疑。公有云的建设者与拥有者承担着数据的安全问题，其规模与知名度直接影响到信任度。在视大数据为资源的背景下，如果由于用户隐私问题对数据进行保护，禁止对数据进行数据挖掘与分析，那么大数据将失去其价值。因此，在云环境下，相关学者提出了一种基于格的隐私保护聚类数据挖掘方法，用以平衡数据挖掘与隐私保护。高校图书馆的存储数据提供了挖掘的"原材料"，基于格的隐私保护数据挖掘扩散了应用场景，如PPK-means（Privacy Preserving K-means）以及隐私保护层级聚类等方法，提升了高校图书馆私有云到客户端的数据挖掘精确度。

基于序列模式挖掘的隐私保护应用。数据安全性与稳定性是数据挖掘的前提，然而读者往往担心的是数据挖掘对隐私的侵犯。在用户隐私数据不暴露的前提下实现精确的数据挖掘任务，是当前学者较为热衷的数据挖掘方法。隐私保护序列挖掘问题的相关概念，如项集的布尔集合关系概念等，能够在数据的隐私保护性、挖掘结果的准确性与算法执行高效性方面得到很好的体现。

智慧服务需要数据支持。对数据进行采集、分析，挖掘其中的应用价值，是提高图书馆精准服务的基础。然而数据应用过程关乎读者隐私问题，需要制定相关的策略和方法以完善数据应用。基于k-匿名保护模型是现在应用比较广泛的隐私保护技术。随着网络攻击技术的不断发展，新的攻击方式下传统的保护方法已经不再有效。从数据层中的数据表等相关内容中也能够挖掘分析出用户的敏感信息。以数据挖掘的聚类分析为例，在互联网搜索领域，基于关键词的搜索将结果聚类反馈并以简洁的方式呈现给用户。多维数据的挖掘可以提高数据价值的精度，然而维度越高，其敏感信息泄露的可能性越高。不同数据挖掘的方式原理不同，其保护策略也存在着差异，不同的数据利用方式需要不同的保护方式。数据挖掘方法与工具随着技术的进步而不断完善，这也给用户隐私保护带来了一定的困难。因此，隐私保护的策略与方法也需要时刻紧跟挖掘技术的发展而不断变革，以适应互联网智慧服务的实际需要。攻防理论是数据安全保护的基本策略，应用场景的不同，其保护的策略与方法也不尽相同。智慧图书馆处于复杂多变的互联网环境，其业务体系的构建、业务流程的重组使得数据安全保护策略需要时刻调整。总之，隐私保护的方法不仅是技术层面的，更应该是社会层面的，隐私保护技术作为工具被用于不同的业务系统，以保障业务的稳定实施。数据管理者对技术方案的规划、设计、选取与防护思路的制定都需要借助社会方法的参与。

四、智慧服务环境下读者隐私保护的社会方法研究

互联网技术提供了许多工具可用于多种业务系统提升效率与改进流程。隐私保护技术工具的选取，需要管理者根据具体业务的运行规律进行科学规划，以达到提升与改进的效果。图书馆管理者掌握技术方法并实施于业务数据使用、数据安全与数据发布，并在此过程中贯彻读者隐私保护思想，该过程属于社会方法综合运用。基本的数据流循环将是整个业务系统运行的关键，而对症下药、动态监测具体业务数据也是隐私保护最精准有效的方式之一。

数据使用隐私保护。智慧服务的"智慧化"是在大量数据采集、分析、挖掘的基础上，有效感知读者的所想、所需而开展的精细化服务。服务"智慧性"的高低取决于数据维度的高低、数据的周期性等因素。高校图书馆的数据使用过程涉及读者的隐私数据，如读者姓名、学号或者工号、单位以及何时、何地访问哪种数据库、检索何种关键词等。数据使用的维度越高，涉及读者相关的

数据就越多,分析结果越精确,隐私泄露的风险越高。数据使用隐私保护的关键点在于对前期采集数据的处理,如匿名化、模糊化的方法对读者信息进行预处理,是数据使用过程中保护读者隐私的一种较为直接的方法,也是高校图书馆掌握读者群体的动态信息需求,并以此开展智慧服务的有效途径之一。①匿名化数据能够分析出用于决策的信息,包括业务前期运行状况、规律,并以此探索后续发展状况等。②模糊化方法,提前预设采集、提取业务分析所需的数据,摒弃无关数据,此方法既可避免数据过载,也可避免核心隐私数据的关联分析造成读者信息泄露,如通过预设的时间段的资源访问量、检索词等数据用于挖掘读者资源需求。

  数据安全隐私保护。数据安全隐私保护是根据不同的数据使用环境,选取合适的数据安全保护策略、机制进行防护。该方法的实施依赖于数据管理者能够宏观掌握最新的数据安全技术方法,并具有敏锐的数据安全规划与设计能力。国际标准化组织(International Organization for Standardization,ISO)对计算机系统中数据安全定义为:构建数据处理系统、并采用相应的技术和安全保护以保护计算机硬件、软件和数据不被偶然与恶意的原因遭到破坏、更改与泄露。因此,数据安全可以理解为以各种技术与策略保证数据的可用性、完整性与保密性。数据安全是保证数据在传输与交换过程中不发生信息的增、减、修改、泄露等。数据安全隐私保护可以分为:①防护技术包括数据备份、双机容错、数据迁移、异地容灾、数据库加密、硬盘安全加密。②安全技术包括隐藏、访问控制与密码学。③实施策略包括网络分段、交换式集线器替代共享式集线器等。智慧服务的基础是依托互联网开展,数据的采集与使用过程涉及多个系统,系统之间的数据交互过程需要构建数据安全保护技术防止数据泄露造成侵犯用户隐私问题发生。数据管理者可根据不同的数据使用环境,制定相应的数据安全保护策略，避免读者隐私因数据外泄造成暴露。

数据发布隐私保护。图书馆以系统运行数据分析信息应用于业务效率的提升、运营的决策。由于系统多维度数据关联分析的需要，图书馆各项业务需要发布与共享部分数据。在传统数据库支持的业务系统中，数据发布以提出请求的方式调用相应的数据，但是在大数据时代，智慧服务通常是采用推送的方式授权给相应的主题。数据的发布过程不仅需要推送策略支持以保证数据的可用性，也需要隐私保护指南规范发布行为，如，基于隐私保护的数据挖掘（Privacy-Preserving Data Mining，PPDM）概念的发布。传统数据发布的"匿名"与"模糊"等隐私保护模型，可以降低在数据使用过程中涉及用户"隐私"等敏感信息的泄露，但是对数据使用（数据挖掘）相关算法得出的隐私信息无法进行有效保护，这些信息也应该动态删除。PPDM的目标是实现一种改变原始数据的算法，让可能含有隐私信息的数据在挖掘过程中不被泄露。由此，即使发布、共享数据，也可以让数据窃取者无法通过这些数据获取读者隐私。高校图书馆拥有多样化的数据，为提升服务质量，运用数据挖掘与分析工具动态获取读者的需求，数据安全问题因此显得更加突出。随着智慧服务理念逐步被图情领域所接纳，智慧的数据性，数据的安全性，安全的保障性等问题需要得到重视以保证智慧服务健康、稳定的发展。

智慧离不开数据的支持，如资源数据、行为数据等，这些数据能够多维度显示图书馆的运行状态，包括读者的空间、资源、服务需求，而数据的挖掘分析能够得到读者深层次的学科需求。大量数据的采集、整理、统计、挖掘、分析，其过程周期较长，数据的安全性与稳定性在此过程中尤为重要。数据的管理者与利用者的数据素养，其数据意识、数据能力与数据伦理直接影响到数据应用效果与数据安全稳定。

高校图书馆运用互联网技术和理念开展学科服务、资源服务与空间服务，具体理念就是关联图书馆多系统的数据，实现服务管理的整合。数据由不同系统进行多维度汇集，实现多维度的整合，提升了大数据的应用价值，为图书馆开展智慧服务提供了条件，在此过程中也提高了数据管理复杂度和数据隐私泄露的风险度。传统的隐私保护技术已经不适应智慧服务中数据挖掘、分析等应用环境。同时，读者还未意识到在自我隐私保护方面的重要性，如读者身份认证的读者卡常被他人借用，身份认证账号互借的情况也比比皆是。因此，智慧服务环境下的读者隐私保护，不仅是技术层面、管理层面的保护，也需要加强读者数据素养教育，提高用户有关数据意识、数据能力和数据伦理方面的数据素质。

确立读者数据保护法律原则。读者对个人数据的不可控性，不仅需要业务机构的行为自律也需要法律法规对个人数据加以保护。然而图情界至今尚未有完善的数据隐私保护法律法规来规避已经存在的安全风险。唯有借鉴国外先进经验，如欧盟的《一般数据保护条例》(2018)等，并结合图书馆业务的数据使用现状，制定数据保护行业规则。这些规则应包括数据使用目的、明确原则、明示告知原则、数据质量原则、数据安全原则、公开责任原则等。图书馆门户网站等平台在收集、使用读者数据行为时，应在其主要页面提供法律声明与隐私权政策等信息，让读者详细了解个人数据使用情况以及可能存在的风险等问题。

建立读者数据使用信任机制。信息社会环境下，读者对图书馆的数据收集、使用等行为不知情、不了解，而且读者作为数据的主体对数据的控制力不强，由此会造成整个社会对机构数据使用缺乏信任。因此，增强读者作为数据主体的参与度，提升读者在涉及个人数据使用的透明度，是实现读者权利正当性的基础。图书馆作为智慧服务的实施者，应该拥有干预自动化业务建设方处理算法黑箱的权利，并向读者公开算法决策对读者个人可能存在的影响，以此获取读者信任。图书馆作为公共服务机构，应该以维护读者利益为前提开展数据收集工作，在此过程中不可避免地存在读者个人与公共利益之间的权衡问题。因此，需要建立读者与机构之间的数据共享知情权，这样才能够更好地实现保护读者隐私的目的。

强化敏感数据身份信息定义。读者隐私保护需要区分一般个人数据与敏感数据，一般个人数据可以建立在默认同意的基础上，只需要读者个人没有明确的反对，便可以收集与使用。但是对于读者个人敏感信息而言，则需要图书馆等机构在数据收集与使用之前，征得读者同意。因此，对于一般数据的使用需要机构强化数据安全保护措施，而对于敏感数据的使用则需要调和读者数据保护与使用需求之间的矛盾，实现利益的均衡。

细分读者数据收集使用主体。数字图书馆实时、动态收集读者信息，并且应用日志分析等大数据技术分析数据，进行精细化的智慧服务，在此过程中，对于读者身份判别与读者个体进行深入的掌握。因此，在图书馆智慧服务需求的背景下，政府、机构与读者都对用户隐私保护有了一定的关注。机构的数据收集、使用有了明确的定义，对业务数据自动化处理也必须有明确规定。图书馆应该有差异的对待各种读者数据，并对其加以保护，也可以根据不同环境、不同业务进一步细分读者数据保护规则，细分数据的收集主体与使用主体。

关注数据存储中的数据安全问题。读者数据被收集后，图书馆等机构要对所收集的读者数据提供保护机制，防止数据在存储过程中被泄露。数据存储安全根据不同的环境，需要建立不同等级的保护制度。图书馆出于业务发展需要，收集读者数据，也要重视数据存储的安全问题，充分考虑业务发展与数据安全的关系。大多数高校图书馆依托数字化校园建设而成就的数字图书馆，已经具备了集中的数据资源库与数据中心体系，数据存储的安全性与稳定性也得到进一步提升。集中统一的业务管理体系避免了存储数据的泄露问题，也为智慧校园、智慧图书馆的建设提供了稳定的互联网环境。

完善读者隐私保护素养教育。由于目前针对读者个人隐私保护的法律法规欠缺，法律体系尚未做到有效的衔接，因此在读者隐私问题与现有法律的关联问题上，需要考虑到执法的适用性与可操作性。读者个人隐私问题取证、举证受到一定限制，特别是在大数据环境下，读者个人隐私泄露所带来的后果难以在短期内认定，所以执法机构只能够使用传统的名誉权处理方式对读者个人隐私进行保护。读者隐私不仅需要机构数据管理者从数据安全技术与方法手段等方面进行保护，也应从提升读者的数据素养中加以强化。读者只有从数据意识、数据伦理等角度全方位认识到数据使用、数据安全与数据发布的需求、流程以及在此过程中带来业务的便利性，才能逐渐消除读者"谈隐色变"的心理阴影。

图书馆服务的智慧性，必须有相应的工具配合实施，才能将数据的价值充分发掘，从数据层面予以业务实施的智慧化。目前，高校图书馆的数据驱动业务，大部分还停留在OLAP阶段，并没有利用数据挖掘来支持学科服务。其中数据驱动业务发展的数据安全与隐私保护问题，运用传统的"匿名化"与"模糊化"等方法是能够解决的。由于馆员缺乏专业数据素养培养，使得支持图书馆数据使用、数据安全与数据发布等业务的制度、流程没有得到有效地制定、实施。以数据为基础的图书馆资源和业务系统，其安全性与稳定性是开展智慧服务的关键性前提，学科服务的平台化，使得读者的资源获取效率得到飞速提升。科技带来一系列变革，但是以人为本的宗旨不能改变，人的安全保护应该是全方位的，读者个人隐私与数据安全也应该是图书馆在大数据时代所要重点关注的问题。能够得到较好的保护。

第八节　创新教育背景下的高校图书馆智慧服务

为了更为积极地开展高校图书馆智慧服务，加快高校图书馆服务的转型速度以及创新速度，高校应引入创新教育的概念，促进高校图书馆智慧服务的发展。为此，本节简要分析了创新教育同智慧图书馆之间的关系，并强化高校图书馆智慧馆员的培养以及加强制度建设两项具体方法，以期为智慧图书馆建立提供参考与帮助。

智慧图书馆这一概念提出之后，国内外图书馆界研究者便从理论、技术方式以及实践应用等多个方面进行了相关研究以及探索，使得智慧图书馆理论体系日趋健全，于实践运用方面也获得深入的发展，尤其是 NFC 以及 RFID 等多种先进技术在图书馆服务之中的应用，也使得智慧图书馆发展速度明显加快。故而，基于创新教育的背景之下，智慧图书馆服务模式也需要相应的创新与发展，对智慧图书馆服务能力的提高而言也具有积极意义。

一、创新教育对图书馆智慧服务的影响

智慧馆员必须挖掘创新潜力。智慧图书馆工作人员作为高校图书馆提供智慧服务的创造者以及落实者，其应该基于完成既有服务、管理工作的同时，在短时间内适应变化莫测的信息化环境，并对当前国内外图书馆领域的热点以及趋势有更为全面的了解，明确读者的现实需要，注重并不断引入新的科学技术以及服务模式，提高图书馆整体服务质量。故而，图书馆工作人员若希望成为智慧馆员，便需要具备优秀的创新能力。图书馆工作人员若希望真正成长为创新教育第二课堂的教师，便需要于长期的工作之中持续提升自身创新能力，将

理论内容同实际工作之间相连接，针对已然掌握的理论知识以及治理予以综合性优化，并持续提高本身创新素养，于为读者供应智慧服务的同时，也引导用户不断挖掘本身创新潜力，以实现更为深层次的智慧服务。

智慧资源必须激发创新思维。智慧资源不仅包含有实体图书馆，同时也包括虚拟图书馆之中资源，如利用云计算、大数据以及物联网等多项技术加工以及整合的信息资源、智慧空间以及智慧图书馆工作人员等。于创新教育环境下，高校图书馆如果希望提高用户的创新水平，便必须运用智慧资源协助创建一个可以启发创新思维的大环境。高校图书馆必须深入整理以及处理不同类型文献信息数据资源，特别是专利文献，分析分线信息数据潜藏的价值，同时把有关信息的推荐给读者，以激发读者的创新热情。高校图书馆智慧空间必须将读者需求作为中心，时刻关注用户活动需要以及服务体验，注重融合、交流以及彼此共享，符合用户的创新需要

智慧管理必须传输创新意识。智慧管理代指高校图书馆引入不同类型智能系统、设备以及网络技术等，关于读者、图书馆工作人员以及实体文献资源等加以智能管理，借此提高管理工作效率。高校图书馆针对全部资源、用户以及服务予以管理期间，在提升管理效率的同时，也需要为智慧服务供应支持，并于管理期间展现创新意识以及精神，并将其传输至用户。

二、基于创新教育环境下智慧服务建设

强化高校图书馆智慧工作人员培养。所有智慧图书馆均不能脱离智慧图书馆工作人员的支持，高校图书馆如果希望真正进行创新教育背景下的智慧服务，便必须真正进行积极培养智慧图书馆工作人员，使得工作人员掌握较为优秀的预测能力、数据分析能力以及学习创新能力等，从而提高工作人员工作

水平，但上述能力要求对工作人员而言较为苛刻，且难度较高。故而，高校图书馆可以结合工作内容的不同，将智慧馆员划分为多个类型，包括研究型、技术型以及业务型三种类型，然后将工作人员划分为三个类型，然后强化针对性的培训。高校图书馆能够为研究性智慧馆员供应学术研究的氛围，组织工作人员积极参与学术交流研究或是讨论活动，第一时间了解图书馆领域目前先进的技术或是研究发展现状与方向，同时了解图书馆研究的重点与发展，并把最为先进理念以及技术运用在智慧服务之中。智慧图书馆关于技术型智慧图书馆工作人员的培养，高校图书馆可以聘用有关专家针对其开展专业技术培养以及指导，也能够引导其积极前往高校图书馆进行参观，以了解新的理念以及创新方法。另外，高校图书馆也可尝试选择业务更为熟悉的工作人员负责业务型智慧工作人员，利用短时间培训方法以令其持续学习同图书馆管理、读者服务有关新知识或是理念，从而为智慧服务模式的建立提供相应的支撑。

完善智慧管理体系。高校图书馆可以尝试从如下三个方面：包括管理制度、管理模式以及管理技术构建全智慧管理体系。于创新教育环境下，智慧管理制度不只是需要确保高校图书馆工作稳定运行受到负面影响，同时也必须满足时代发展的实际需要，针对新式的技术、受设备以及形态等设定详细且合理的规定。不仅如此，高校图书馆理应引入智能管理设备以及技术，针对资源、工作人员以及读者予以智能性管控，为用户提供更为高质量的阅读服务。智慧管理还必须将用户的实际需求作为核心，及时调节当前管理模式，以便为用户供应更为便捷且高质量的服务，以引起用户对图书馆的兴趣，符合图书馆用户对信息方面的需要。

建立长效动态性的反馈体系。用户属于享受服务以及评估服务的群体，同时也可以构建新型智慧服务模式供应更多的信息数据。故而，高校智慧图书馆在将用户作为核心的思维方式之下，高校图书馆更为关注用户满意度的调查状况，了解用户对现行服务的评估情况，建立更为长效的反馈体系，促进智慧服务更为高效不断开展。

第五章 智慧图书馆服务的实践应用

第一节 智能设备在图书馆中的应用及服务策略

对我国智慧图书馆产生的背景做了简单回顾，并针对智能技术在高校图书馆中的应用进行了阐述。从六个方面对智慧服务在国内高校图书馆中的开展提出了可行性建议。

一、智慧图书馆产生的背景

智慧图书馆产生的国际背景。在 MBA 智库百科中，"智慧地球"（Smart Planet），也称智能行星，2008 年彭明盛作为 IBM 公司首席执行官首次提出的新概念。认为地球变得越来越智能化，智能技术应用在社会生活的各个方面；例如：智慧的医疗、智慧的交通、智慧的电力、智慧的食品、智慧的货币、智慧的零售业、智慧的基础设施甚至智慧的城市。美国总统奥巴马在 2009 年 1 月，将"智慧地球"的构想应用于政府、公司，将物联网、智慧基础设施，利用信息技术投入到人们相互交互的方式中。东方出版社于 2009 年 11 月出版的《智慧地球：IBM 商业价值研究》阐述了 IBM 有关智慧地球的研究和设计。

智慧图书馆产生的国内背景。在我国，对此开展研究的主要在 2010 年，在一些专著和文献资料中开始初露头角，并以雨后春笋般的速度进行着一系列系统、深入的讨论和研究。2014 年底，我国提出"中国制造 2025"这一概念，

2015年5月,国务院正式印发《中国制造2025》。2017年7月,国务院印发《新一代人工智能发展规划》,该规划的战略目标有:到2020年,人工智能技术应用成为改善民生的新途径;到2025年,人工智能基础理论实现重大突破,智能社会建设取得积极进展;到2030年,人工智能理论、技术与应用总体达到世界领先水平,智能经济、智能社会取得明显成效。

高校图书馆是社会服务的一部分,它的功能理应随着社会发展的变化而变化,同时,人们对图书馆的认识也随着社会环境的变化而变化,不同的社会形态下,图书馆的社会职能也不尽相同。"智慧地球"的提出,未来社会大的发展趋势也被公认为数字化、智能化、网络化,物联网,智慧图书馆融合于智慧城市之中,属于"智慧社会"的"智能服务"的范畴。

二、智能技术在高校图书馆中的应用

智能技术应用在高校图书馆工作中,提高了高校图书馆的工作效率,也加速了向智慧图书馆的转型发展。智能技术在高校图书馆中的应用主要有以下几个方面。

智能门禁管理系统在高校图书馆工作中的应用。智能化门禁管理系统(Intelligent Access Control Management System)是综合应用电子、机械、计算机、通信、光学、生物等多类知识的一项新型技术,集自动识别技术、安全现代管理系统为一体,是现代化安全电子管理系统的产品。其功能是对重要的各种场所出入口实行安全防范管理、控制的一项有效措施。

智能化门禁管理系统属于高校图书馆一卡通管理系统的子系统,是将读者、图书、门禁、消费等各种管理用一卡的形式综合在一起。采用非接触式IC卡技术,通过此卡,读者可在图书馆内享受到图书馆提供的如书刊借阅、网上检索、打印复印、讲座培训、视听资源等的各类服务。

在近 3 000 家图书馆自动化集成系统 (ILAS 系统) 的用户中，有近百家高校图书馆使用一卡通，在这些图书馆里，读者刷卡进入图书馆后，不受限制，可以随意浏览、取阅各阅览室的书刊，采用的是"门禁监测总借总还"管理模式。

智能化门禁管理系统在高校图书馆工作中除了应用于读者管理外，还可用于职工考勤管理、日常统计工作包括进馆人次统计、职工考勤统计、读者进馆状况统计、读者在馆查询、依据进馆读者的数据对失物读者进行查询等工作。

RFID 在高校图书馆的应用。网络无线射频识别 (Radio Frequency Identification，简称 RFID) 系统是 1999 年美国麻省理工学院自动识别中心提出的，在洛克菲勒大学图书馆以及其他图书馆随之安装了 RFID 系统。2002 年，新加坡国家图书馆是首次在世界范围内应用全 RFID 技术的图书馆。

物联网的核心技术和物联网实现的基本保证是 RFID 技术，RFID 技术的识别对象是通过射频信号自动识别相关数据完成，此技术包括标签、接收器、发送器三个组成部分，通过在物品上所贴标签识别对象、目标，射频信号借助于发送器从标签传送到接收器，之后在接收器上读取标签的信息，该信息状态可以是移动的，也可以是静止的。

RFID 技术是一种迅速便捷的自动识别技术，由于它具有数据容量大、使用寿命长、安全性能高、无须接触性的优势，越来越多的图书馆、出版社、杂志社将这一技术运用到工作中，提高它们的工作效率和质量。目前，图书馆中的自助借还机、图书自动分拣设备、安全门、借阅证、一卡通等，都是应用了 RFID 技术，并且这一技术在图书馆应用率正在以每年 30% 的速度增长。

智能机器人在高校图书馆中的应用。随着新技术的深层次发展，虚拟机器人或高智能形式的系统在高校图书馆应运而生，是高度模拟人在自然环境中感观和运动等行为的人机交互的逼真技术。以计算机技术为核心，通过一定的设备与数据和其他相关科学技术相结合，在虚拟环境中生成与某一范围的真实环境如在视、听、触感等方面高度近似的数字化环境，使读者仿佛置身于现实世界一样，可漫游、查询、分析虚拟环境中的物体，宛如身临其境。

国家图书馆将VR(Virtual Reality)虚拟现实技术应用在图书馆领域—"国家图书馆虚拟现实系统"，读者可通过国家图书馆内的虚拟漫游、非接触式的虚拟交互，欣赏珍贵馆藏，借助触摸设备对珍贵的古籍善本进行"翻阅"，既对馆藏珍品予以保护，又对文化遗产进行了传承；再如清华大学图书馆"小图"的应用，是一种实时虚拟咨询方式，包含有关图书馆知识问答、对馆藏图书的查询、自我学习和训练等模块；及上海交通大学图书馆的IM智能机器人，为图书馆聘请了精力旺盛、全天候在线、博览群书的"参考咨询员"，并为高校图书馆的参考咨询服务增添一抹智能化、人性化色彩。

其他智能设备在高校图书馆的应用。随着智能科技的进一步发展，智能技术设备在高校图书馆的应用也越来越多，有传感器技术的应用，如触摸屏、声控灯、烟感器、电子温度计、精密电子秤等的应用，均是传感器技术在高校图书馆中的应用，通过这些设备对信息的感知与检测，并转换为与其对应的量化信号的装置或元器件；M2M(Machine to Machine/Man)技术在高校图书馆中的应用，是以智能机器终端通过网络化交互的服务和应用技术为核心，如自动售货机、网络冰箱、自助打印机、图书杂志的自动贩卖、座位预约系统等一系列的应用。

Hadoop技术体系在高校图书馆中的应用。Hadoop是Apache基金会所开发的一个分布式系统基础架构，最核心的设计就是HDFS和MapReduce。HDFS实现了一个分布式文件系统(Hadoop Distributed File System，简称

HDFS），为海量的数据提供了存储，它有高容错性的特点，且此设计可部署在低廉（lowcost）硬件上，而 MapReduce 则为海量数据提供计算。Hadoop 有跨数据源分析、离线计算、对数据进行再次加工的优点，可应用在高校图书馆的大数据挖掘中。

三、智能设备和技术在高校图书馆智慧服务的策略

随着高校图书馆的智能设备的增多，利用智能设备和技术进行智慧服务也成为高校图书馆服务的主流。以下将高校图书馆利用智能设备和技术应用在智慧服务方面的策略阐述以供参考。

要有全局性观念增加并注重资金的利用。为了将图书馆的智慧服务融入整个学校的服务体系之中，图书馆领导不仅要有长远的、全局性眼光，还要积极与学校争取资金费用，为在高校图书馆智慧服务建设过程中的技术、设备、资源和人员投入需要的资金提供保障。

组建一支高素质、高品质的智慧服务团队。如今高校图书馆需要组建一只适应高校发展的，具有图书馆知识、技术、智能设备和技术的使用、大数据采集、挖掘、分析等能力，积极发挥集体智慧，共同承担完成用户深层次服务需求，为用户提供智慧分析能力、解决智慧方案的智慧服务团队。

注重大数据技术在智慧服务中的应用。在认同大数据技术的应用是实现智慧服务的手段的同时，如何将技术应用在具体的图书馆智慧服务中仍需思考。自助服务方面的相关大数据智慧服务模式有 SoLoMo，RFID 的模式，在个性化服务方面有精确定位算法、数据挖掘的模式，在情景感知方面有感知技术的微服务模式及共享服务方面的云计算模式和推荐技术方面的智慧服务模式等。对数据的分析、挖掘虽有了一定的基础，但仍有一定的局限性和不足，在如何

应用数据挖掘方法从海量图书馆数据中找到更有意义、有价值的信息研究方面，还有待进一步的提高，使图书馆智慧化服务更精准化。

注重社交平台的应用加速智慧服务建设。为了让用户了解高校图书馆的资源、享受图书馆的各项服务，高校图书馆可借助于社交媒体工具的应用，建立一个平台并进行宣传与推广。

高校图书馆的宣传与推广则是应用线上线下相结合的形式，既要开展合理的实地宣传与推广，又要通过微信公众平台、官方微博、QQ群及手机App等多种形式的社交媒体工具加强宣传和推广力度，发挥对用户的引导和开展智慧服务。如在学科微信群、QQ群发布重要学术信息动态、馆藏新资源、展开的新服务、网络资源导航等，使高校图书馆的智慧服务不受时间和空间限制，使智慧服务效率最大化。

关注用户体验提高智慧服务能力。在信息互联网时代的大数据、云计算环境中，虽然高校图书馆实体文献的阅读量在不断下降，但进入高校图书馆的人流量并没有减少，显然高校图书馆仍是人们获取信息资源、学习环境和学术交流的场所。所以作为高校的一个重要的组成部分，更要在关注全校师生在图书馆的体验中，提高自己的智慧服务能力。

在Wi-Fi泛在、互通互联方面，为应对高校图书馆用户信息需求的多元化，在"大众创业、万众创新"的大环境下，图书馆结合校园创新创业活动，设立创业体验中心和学术交流中心。如武汉大学图书馆的众创空间多功能实践场所，安置有3D打印机、AR可视化技术体验中心、智能机器人、大数据分析中心等，进入此场所的用户，可在此展开实践创新的体验，并享受多元化的信息智慧服务。清华大学图书馆特别设置了一定数量的单人研读间、3～10人讨论间，关注用户体验，提升图书馆的智慧服务能力。

重视隐私保护服务的开展工作。美国约63.33%高校图书馆非常注重用户的隐私保护，均在其网站主页显著位置对隐私处理及保护政策进行声明，并介绍其对隐私的处理及保护政策。

国内高校图书馆在开展智慧服务的过程中，也应借鉴美国高校图书馆的做法，对数据安全、隐私问题进行关注，避免在收集、保存用户信息及用户浏览痕迹等服务过程中触及隐私安全。

目前，虽然智能设备在高校图书馆的应用已经开始，但智慧服务工作仍没有固定模式，也没有可供参考的评估框架，各高校图书馆应结合实际馆情，学习借鉴同行，不断探索和创新，丰富智慧服务的理论与实践。

第二节 基于手机APP的图书馆智慧服务建构

随着移动互联网技术的发展及移动设备的广泛普及，越来越多的图书馆陆续开通了移动图书馆APP服务，本节分析了当前国内外移动图书馆APP的应用现状，指出国内图书馆建设APP中存在的问题，并提出基于手机APP的高校图书馆智慧服务的建构策略。

随着互联网技术的迅猛发展以及移动设备的普及，手机已经成为人们通信、阅读、社交等的重要工具。面对这一新的形势，作为信息服务方的图书馆，如何能抓住机遇，变革技术和服务，积极应对新的挑战，探索移动服务的新模式，构建基于手机APP图书馆智慧服务成为亟待解决的问题。

一、国内外图书馆手机APP发展现状

APP是应用程序Application的简称，指的是安装在智能手机、平板电脑等移动设备的第三方应用程序。图书馆手机APP依托比较成熟的移动网络技

术，随时随地地提供图书馆信息服务的方式，是数字图书馆服务的延伸与补充。它主要具有以下几方面特点：①移动性与便捷性。只要有移动网络的接入，用户可以随时随地检索图书馆资源，享受各种个性化服务。②互动性及参与感。通过在内部嵌入 SNS 平台，使正在使用同一个 APP 的用户参与平台信息的交流共享活动，从而在享受服务的同时，又能够为他人提供服务。③丰富性与动态性，手机图书馆 APP 不仅提供基本的图书馆服务，还更加注重服务内容的丰富性，如 QR 入馆，参考咨询，在线采书，此外，VR 技术的应用，更好地提升了 APP 的用户体验，增加了用户黏度。

据高春玲统计，美国排名靠前的 20 家大学图书馆和 20 家城市公共图书馆，其中有 19 家大学图书馆和 18 家城市图书馆已经开展移动图书馆服务，覆盖率高达 90%。在国外，大多数的图书馆为读者建设和提供着数字媒体的馆藏资源服务。据覃燕梅对 U.S News 全球大学排名前 15 名中具有代表性的 10 所大学图书馆进行了网络调查，发现国外高校图书馆的 APP 服务除具有如国内高校图书馆 APP 服务的馆藏查询、新书推荐等基本功能外，还具有如条码识别、资源推送等国内图书馆 APP 服务所没有的拓展。

就国内而言，微信与微博是当下使用较多的两款手机 APP。北京大学、清华大学、西安交通大学等高校就是通过微信平台为读者提供服务的。开通图书馆移动 APP 的高校中大多数与超星公司合作，比如吉林大学图书馆、山西大学图书馆。此外，独立开发了图书馆移动 APP 平台的有国家数字图书馆和上海图书馆，高校的有浙江大学图书馆、安徽大学图书馆等。多数图书馆移动 APP 包含有"馆藏查询""学术资源""我的书架""新书推荐""通知公告"等模块。总之，在移动互联网时代，图书馆手机 APP 缩短了读者与图书馆之间的距离，成为读者的"随身图书馆"。

二、国内图书馆手机APP建设中存在的问题

近几年,国内图书馆手机 APP 发展势态良好,APP 界面简洁明了,操作方便快捷,基本功能完善,用户体验良好。但是也存在一些问题。

图书馆 APP 跨平台兼容性不够。苹果和安卓是目前国内用户最多的两大移动设备操作系统。多数图书馆 APP 都是根据以上两大操作系统为平台开发的,而在某些手机如 BlackBerry、Symbian 系统 Windows 平台上并不适用,图书馆开发的 APP 不仅要以苹果和安卓系统为主,同时兼顾其他小众操作系统,以便图书馆 APP 在用户中的普及。

图书馆 APP 服务内容相对单一。据调查,无论是图书馆自己开发或是和第三方合作开发 APP,服务内容主要集中在馆藏查询、个人借阅信息查询、续借、讲座通知等基础服务方面,图书馆 APP 提供服务功能简单,无法满足移动信息时代用户的多种需求,用户不仅仅需要传统服务在 APP 上的延伸,更需要图书馆发挥 APP 的优势,创新服务内容和方式,提供更加完善和个性化的服务。

图书馆 APP 与第三方资源集成度较低。目前国内图书馆 APP 提供电子书阅读和数据库检索功能的相对较少,与第三方资源集成度不足,很难满足用户对数字资源的随时随地的访问需求,同时一些数据库供应商纷纷开发了移动 APP 应用,比如,EBSCO、Elsevier、CNKI,但都是基于自身的资源,并没有在图书馆 APP 内进行资源整合,不能为用户提供跨平台一站式检索,图书馆应该加强与各大数据库商合作,加强数字资源的开放性,建立采用统一标准,提供一站式检索、知识化服务为一体智慧服务系统。

三、基于手机APP的高校图书馆智慧服务建构策略

国内高校图书馆虽然很多都提供移动 APP 服务，但是功能设计却往往比较单一，未能凸显移动互联网时代信息服务的特点，因此，设计开发图书馆移动 APP 需要依托移动信息技术和媒介，不断优化和拓展移动图书馆 APP 功能，为读者提供无缝嵌入到其的工作、学习和生活的智慧服务、融合服务、创新服务的整体解决方案。

基础服务。提供图书馆馆藏书目查询，用户登录我的图书馆查看借书记录、预约图书、续借图书、收藏和评论图书、查看信息公告、浏览新书推荐，通过扫描 ISBN 号或填写表单荐购图书等。

创新服务。扫码/刷脸入馆，使用本 APP 转换借书证号为二维码或人脸识别技术在入馆闸机上验证通过。扫码借书，读者通过手机扫描图书馆馆藏条码号完成借书，减少馆员工作量，解决高峰期读者排队现象，提升了读者体验。先读为快，图书馆 PDA 采购的新模式，APP 平台按照图书馆馆藏规则展示合作书商的纸质图书，读者可以通过在线购书申请，下单买书，先读为快，并在规定的时间内归还图书，购书费用由图书馆统一支付。如不开通在线购书，可实现图书一键荐购，此功能可以极大地方便读者，提高采访效率和图书借阅率。入馆培训，用户利用图书馆 VR 全景、微视频、直播互动等方式学习图书馆相关知识，学习完成后平台从题库中随机抽题考查，读者考试通过后，自动激活借阅证。利用 APP 平台提供的智能化服务，实现对新读者的入馆培训，比传统方式更能激发读者兴趣、增加图书馆对读者的吸引力。

知识服务。参考咨询服务，读者使用 APP 平台，通过登录我的图书馆进行身份认证并进行信息捆绑，无须读者再另外注册、读者登录后信息可以保持

数天，保证读者能第一时间看到图书馆员的回复。只要图书馆员和读者同时登录APP，就可以实现随时随地的互动与交流。此外，参考咨询服务通过整合多个咨询平台，如QQ、微信、网页等，提供统一入口，综合各自优势作为一个整体提供更具有多样化和针对性的知识服务。一站式检索，打破现有APP只能对馆藏纸质资源和数据库进行孤立的单独检索，要实现对馆藏资源的全方位的开发、整合。图书馆资源包括馆藏资源、OA资源、各类型数据库、机构/个人知识库、网络资源等，通过云存储和智能计算技术将各种资源进行加工、存储、挖掘，依托无线泛在的网络，在全面整合的基础上，为读者提供一站式访问、检索、下载的智慧云服务，这必将提升图书馆资源的利用率，满足用户对各种资源的移动服务的需求。

空间服务。座位预约，读者通过图书馆APP平台预约座位，利用低成本、有效防作弊的ibeacon技术进行手机签到、签离，对于空间资源有限的图书馆来说，便于集中管理，提高空间利用率，避免在考研等高峰期占座等不良行为现象的发生，也方便了读者对自习座位有效利用。空间预约为开展团队交流，小组讨论提供支持。讲座预约，读者可在平台上发布讲座信息，读者通过平台报名及现场签到，达到对讲座的精准化服务，提升讲座效率。

定制服务。问卷调查，提供专业的、有针对性的图书馆问卷自动生成系统，并对调查内容进行汇总统计，方便图书馆开展实证调查，为图书馆制定各项资源采购和服务内容提供可靠的需求信息。消息提醒，平台内置消息提醒功能，将图书到期、预约、委托、荐购图书到馆、各种资源推广、阅读推广、重要活动通知等信息推送给读者，增强图书馆与读者联系，提升服务的质量和水平。

在移动互联网时代，手机APP服务被社会广泛应用。图书馆界如何通过手机APP为用户提供更加智慧的服务是图书馆移动服务的新趋势，也对图书馆工作提出了更高的要求。而随着泛在化进程的推进，APP 将利用智能手机的 NFC 特性（如 NFC 近场通信）及智能视觉搜索技术为读者提供更加智慧和融合的服务。总之，图书馆 APP 的建设、使用和推广将有效提升图书馆的移动服务层次和水平。

第三节 智慧转型期图书馆馆员素质提升策略

物联网时代的来临，5G 技术的广泛应用，现代社会信息用户获取资源的方式变得更加的便捷和迅速。对于高校图书馆来说，用户对于图书馆的需求已经不仅仅局限在馆藏资源的利用上，对于图书馆的服务也提出了更高的要求。而高校图书馆馆员是引领图书馆服务的核心力量，未来高校图书馆向智慧图书馆转型的过程中，最终能够起到核心驱动力的并不是馆藏资源的多少，智能化设备的数量，而是取决于能够为用户提供专业信息服务的高素质的图书馆员。

随着时代发展，高校用户素质的不断提升，对于图书馆馆员的要求也变得更加的多元化，对于高校图书馆来说目前都面临着智慧转型的关键时期，在科林·斯托里（Colin storcy）发表的《珍惜我们的传统和我们的人：在未来的 25 年领导潮流、做出改变》一文中指出，在图书馆未来发展的 25 年的时间里面将会受到电子技术革命的巨大的冲击，而对于图书馆是否能够合法并且长期存在的关键将取决于图书馆员如何应对和采取何种策略。所以说馆员素质的提升不仅关系到个人职业发展规划，而且还关系到未来高校图书馆是否能够长期生存与发展。

一、高校图书馆馆员目前存在问题

对发展智慧图书馆的概念认识不清。伴随着智慧图书馆概念的提出为物理实体图书馆在未来的生存和发展指明了道路，国内外图书馆界都开始向智慧图书馆发展与转型进行积极的探索。学者祝森生针对我国学界对智能图书馆与智慧图书馆的研究成果，整理了148篇和50篇相关文献得出结果显示我国学者对智慧图书馆的研究似乎较为热烈，成果丰硕，但具体分析这些研究成果，发现研究主要是基于智能技术在图书馆的应用进行展望，研究所设计的系统也并不一定以实际的实践和应用为支撑基础，致使对智慧图书馆的研究总体来看较为空洞。由此可见智慧图书馆的理论与实践研究仍旧处于萌芽阶段，对于智慧图书馆的概念还缺乏较为全面科学的解读，这样就会导致高校图书馆在转型期对馆员应该具备的素质认识不够全面，而对于不同类别的高校图书馆来说认识与发展智慧图书馆的进程也不尽相同，导致馆员素质在转型期的差距越来越大。

馆员老龄化问题严重。馆员年龄老龄化是目前国内高校图书馆普遍存在问题。在智慧转型期，需要高校图书馆馆员学习多种技能，适应新环境新事物，但是对于年龄较大的馆员来说，反应能力变慢，学习能力降低，工作丧失积极性，对于用户多元化需求难以满足，对于高校图书馆来说，服务主体主要是年轻用户，年轻用户的特点是容易快速接受新鲜事物，更倾向与使用智能设备和网络数据辅助自己的科研与学习。对于图书馆提供的服务来说更倾向于创新类型服务。而对于年龄较大的馆员来说则无法迎合年轻用户群对于图书馆多元化服务的心理需求。所以在高校智慧转型的特殊阶段如何对这一群体进行合理调配，激发工作热情，使其符合高校图书馆发展转型期的要求也是高校图书馆需要解决的问题。

缺乏科学合理的培训机制。在图书馆变革期,能够结合变革期特点制定科学的馆员培训机制是促成图书馆馆员素质提升的助推剂,但是对于很多高校图书馆来说往往忽视了馆员培训这一重要环节。张卫指出高校图书馆在选拔录用馆员时注重馆员的学历认证,但是在馆员正式上岗以后却忽略了对馆员的继续教育。对于高校图书馆来说制定培训计划往往比较松散不成体系,首先在前期不能深度挖掘用户需求制定有针对性的培训计划,这样就会造成培训结果往往达不成预期的效果。其次在培训对象的划分上过于的笼统,缺乏针对性。有数据显示,学者郭淑艳、周丽晴在调查的 41 所"双一流"大学图书馆馆员培训对象是全体馆员的为 100%,培训对象含有新进馆员的有 20 家,有的馆员培训对象为有学习意愿的馆员、年轻馆员、40 岁以下年轻馆员。[①] 对于培训主体的笼统划分将不利于检验培训成果,也将大大降低馆员参与培训积极性。

二、馆员素质提升及改革策略

深度理解和贯彻智慧图书馆的概念与发展内涵。智慧图书馆的提出为图书馆在新时代的发展指明了方向,对于高校图书馆来说想要在未来长久的生存与发展就要深入的理解和贯彻智慧图书馆的理念,时刻关注国内外智慧图书馆的发展动态,关注媒体信息技术的最新发展与革新,在结合本馆实际情况的基础上有计划的进行改革。作为高校图书馆管理层需要将发展智慧图书馆概念对馆员进行深层次的落实,使馆员能够认清图书馆变革局势,使自身产生危机感,从而能够主动的根据实际需要提升自己的专业素养。

激发老馆员的工作热情。对于高校图书馆来说馆员老龄化的问题将会是在

---

① 郭淑艳,周丽晴,霍速."双一流"大学图书馆馆员继续教育现状的调查与分析[J].图书馆学研究,2019(12):69-72.

未来长期存在的。对于高校图书馆来说如果不能激发这一部分群体的工作热情，探索在新时期适合这一部分馆员职业发展的新思路，那将会大大的制约图书馆的发展与进步。对于老馆员来说一般都在图书馆工作的时间较久，对于图书馆的文献资源的发展与变革较为的了解，服务用户类型比较全面，对于用户的服务较为耐心细致，对于图书馆基础业务工作都是十分熟悉。在进行馆员培训时可以针对老馆员制定基础业务工作方面的培训，保证将图书馆基础业务工作做细做实。在进行新进馆员培训时，可以遴选基础业务能力较强的老馆员作为培训讲师，对新馆员针对图书馆基础业务方面进行扎实细致的培训，从而激发老馆员的工作热情。

制定科学合理的馆员培训体系。①高校图书馆在制定培训内容时应紧紧地跟随科研热点问题的发展动向，高校图书馆面对是不同专业与院系的用户，伴随着时代的发展，各种高精尖技术的出现，不同专业的科研热点也在时刻发生着变化，而这些要素的转变都会变成用户关注的中心问题。高校图书馆作为科研教辅单位能够为用户第一时间推送用户关心的信息资源将会提升图书馆在用户心目中的地位。②图书馆在制订培训计划时要与整个高校的发展规划相结合，而不仅仅是图书馆一个部门的事。美国高校图书馆非常重视与高校人力资源管理部门合作共同制定馆员培训与发展工作。例如普林斯顿大学图书馆就会与教育和培训委员会共同协助制定员工教育和培训计划，内容主要有负责培训项目的发展与营销，评估参与者的反馈和维护项目考勤的统计数据。图书馆人力资源专员在此基础上撰写员工培训和发展活动的年度报告。学校人力资源部门通过参与到图书馆馆员培训工作中来，将高校的发展规划与馆员个人的发展规划有机地结合起来。③应注重馆员新素养培育，例如培养图书馆员的创新能力，通过提升创新能力，深度挖掘馆藏资源价值，开展个性化人性化的阅读推广活动，从而提升图书馆的服务质量。培养表达素养，通过对馆员口才的提升使馆员能够对于图书馆的各项服务进行生动有趣的推广，改善用户对于图书馆员严肃刻板的印象，增加与用户之间的亲和力。通过对馆员进行多种能力的培养与提升，使馆员在转型期遇到各种不同问题时能够应对更加自如，从而增强馆员职业自信感。

在智慧化图书馆的发展中，管理的主体是人，服务的主体也是人。在高校图书馆智慧转型期，一支素质过硬的馆员队伍将是保障图书馆转型成功的关键。馆员素质的提升的内容需要与转型期发展相契合，对于馆员能力培训提升的内容也应该是灵活多变的，呈现动态发展的趋势。除此之外高校图书馆还应参与到馆员未来个人职业的发展规划中，从多方面多角度帮助馆员完成职业学习和成长，从而提升馆员对于职业荣誉感与幸福感，只有这样才能激发馆员的工作积极性，从而更有热情地投身到高校智慧图书馆的建设中。

第四节　智慧校园下的图书馆学科馆员学科服务

在智慧校园平台下，随着馆藏文献资源的增加，高校图书馆由传统的文献信息资源机构向数据资源的应用转型，如嵌入式学科服务、专题定制、科研查新、成果推广等新型服务。本节结合榆林学院图书馆学科馆员学科服务的现状，应用学校的智慧校园平台，深入探析高校图书馆学科馆员学科服务的创新模式，目的是为高校各学科提供更加完善的个性化服务。

一、智慧校园平台

智慧校园平台是高校智慧校园服务一体化的全方位展示平台，包含了高校各院系、各业务部门的一站式服务平台。在此平台上，用户只需要一个账号，就可以访问其权限范围内的信息资源。

榆林学院的智慧校园建设中，信息中心在各部门有线网络的基础上，架构了教学、行政办公、图书馆、学生宿舍等公共场所的全网无线覆盖，所以现如今在学校每个角落，用户都可以利用 wifi，轻松访问智慧校园平台来获取信息资源。

二、榆林学院图书馆学科馆员现状分析

2009 年，榆林学院图书馆引进学科馆员制度，每一个院系都对应一位与其专业接近的图书馆馆员，要求该学科馆员既要了解本馆现有的文献信息资源，又要自身具备深厚的专业学科知识储备，既要有敏锐的讯息意识，又要有强劲的信息资源组织能力；既要有良好的职业道德，又要有不断创新的勇气和精神。以前的图书馆服务是用户需要什么帮忙找什么的常规性的读者咨询服务。学科馆员制度的实行，由各学科馆员走进院系，了解院系的教学、科研等相关专业的文献信息资源的需求，有针对性的采访纸质图书和电子资源。弥补了图书馆馆员对各学科认识不足，让图书馆的服务由被动转向主动服务。在榆林学院图书馆，学科馆员主要的工作职责有以下几方面。

主动走进对口院系获取学科文献信息需求。在本校图书馆，学科馆员"走出图书馆"的第一部就是访问对口院系，与院系教学秘书建立长期的工作关系，定期了解该院系师生的文献信息的最新需求，然后即时反映给图书馆采访部门，同时也要定期了解院系的最新科研项目动态，为其提供部分专业的文献信息资源。对一些院系的学科带头人提供更加紧密的学术帮助，对其教学和科研项目进行实时追踪，做好学术研究的追踪服务。

主动为院系学生宣讲数据库和新生培训。学科馆员"走出图书馆"的第二部，就是定期参与院系的周会，向他们宣传图书馆的新资源，结合院系需要，为学生宣讲和他们专业对口的数据库，宣传试用数据库，指导用户了解图书馆的信息资源和其检索方法，充分利用图书馆资源。每年年底面向院系的考研学生宣讲图书馆订购的考研视频数据库和题库。新生入学后，学科馆员走进院系开展"如何利用图书馆"培训讲座，让新生详细了解图书馆馆藏资源分布、入馆须知，借还书流程，以及文献信息资源的使用方法。

线上咨询平台，积极提供在线帮助。本馆学科馆员充分利用网络的技术支持，在图书馆网站和学校的交流平台，根据用户的需求分析，直接在网上回复用户的咨询，或者以电子邮件的方式回复。内容涵盖用户在其本学科查询资源时遇到的问题、检索信息资源的方法、介绍用户关注的资源特点、其学科最新动态等等，为用户深入了解其学科信息资源积极的提供在线帮助。

三、智慧校园平台下学科馆员学科服务的研究

在智慧校园平台下，随着对学科服务的升级，图书馆学科馆员的专业知识和职业素养都有了更高的要求，主要表现在需求分析能力、业务分析和沟通能力、团队协作能力等等。学科馆员需要通过用户的描述，分析统计用户的学术背景、科研方向，深入挖掘图书馆文献信息资源，准确定位用户的学术需求，提炼出精准的有价值的资源结论，并且通过需求预测用户的学术趋势。不断地优化学科馆员的学科服务。

设立科研讨论室，提供专题定制服务。由于智慧校园的建设，图书馆的有线网络和无线网路都得到很大的提升，用户在图书馆的任何空间都可以享受图书馆的资源，那么设立专门的科研讨论室，让用户更加便捷的享受资源。通过

学科馆员，联系各院系学科秘书，为其提供专题定制服务。该科研讨论室采用一站式服务模式，应用预约制，预约时联系本院系学科馆员，说明科研讨论主题，学科馆员会根据主题，在讨论室提供相关主题的纸质图书，放置在特定小型书架上；下载相关主题的电子资源、放置在特定的电脑上；提供相关设备，如小型会议桌、投影仪、饮水机等。既提供了学科专题定制服务，又提供了学科讨论场所，让图书馆和学科专题定制完美的合作。

提供嵌入式学科教学服务和科研服务。智慧数据时代，用户在教学和科研这两方面的学科服务都有了新的需求，比如相关专业和交叉学科的知识总结。新的升级服务对学科馆员的知识面、专业能力都提出了很高的要求。在智慧校园平台上，学科馆员进入各自负责的院系平台，创建"学科服务"工作区，在工作区内再分为"嵌入式教学服务"和"嵌入式科研服务"两大服务区。

在嵌入式教学服务区，学科馆员将本学期课程需要的参考文献放置上去，方便教师和学生使用，参考文献包含相关的电子图书、电子期刊、网络免费资源等，该学科的完整参考文献、发展动态文献、讨论热点文献等等。

在嵌入式科研服务区，学科馆员将科研项目的全过程嵌入到文献资源服务中，在合作过程中，学科馆员利用自身对项目的认知，在项目的申请、发展、论证、成果结题等各个阶段，密切的关注并提供不同阶段所需的科研服务。以项目申请阶段为例，首先，学科馆员应当充分了解该项目的技术关键点，并与其相关文献进行比较分析，检索出该技术领域类似的文献、最新的前沿动态文献、类似热点技术、发展趋势文献等，再利用学校的智慧校园平台，将完整的资料信息放置在嵌入式科研服务区中，提供给用户最专业、最个性化的科研服务。

在嵌入式学科服务中，学科馆员应当把用户需求和智慧校园系统合理有机的结合，通过数据挖掘技术，充分发挥学科服务能力，在最短的时间提供给用户帮助，在学科馆员、学科用户和智慧知识库之间建立协同的知识工作关系。

提供学科信息资源的成果推广服务。为了更好地个性化服务，在智慧校园平台下，学科馆员也对用户的知识成果实施进一步的推广服务，主要表现形式有：在智慧平台上建立学术推广门户、举办相关主题的论坛、讲座、沙龙等，还可以利用新媒体微博、微信等移动客户端向国内外宣传成果。在推广过程中，学科馆员要实时观察智慧校园平台的用户访问数据，以便于评估成果推广的效果。这样的知识组织形式，有利于知识成果最大化的传播。提升了图书馆的服务机制。

主动推送信息资源。利用智慧校园平台的记忆和分析计算能力，学科馆员可疑总结该学科读者的阅读特征，针对不同的用户，有方向性的检索相关的学术报告，定期推送到智慧校园平台的相应工作服务区。使用户及时了解图书馆的信息资源。学科馆员主动的推送信息资源，极大的发挥了图书馆的服务主动性，既服务了用户，也调动了用户自身的潜在信息需要，满足了用户的知识需求，提高了图书馆文献信息资源的利用率，拓展了图书馆服务的新界线。

榆林学院智慧校园项目的实施，将学校的零散的信息资源整合在同一的平台上，目的在于实现学校的资源共享，互联互通。在此平台下，图书馆学科馆员提供的一系列学科服务，让学校的所有用户都感受到全新的智能服务。图书馆的学科馆员还在不断地摸索，不断地创新新型学科服务模式，不断地提升自身专业素养，成为学校师生教学和科研最高效的合作伙伴，促进图书馆发展的主动性和探索性。

第五节　应用型大学战略选择与图书馆转型发展

地方高校图书馆应抓住应用技术大学战略改革的历史机遇，深度审视并有效地解决图书馆转型中存在的问题，理清思路，创新服务模式，找准切入点，明确转型定位，实现资源建设、空间设计的多元化，创设转型发展的良好氛围，建立数字化、智慧型、多元化的服务体系。

2014年4月25日，首届"产教融合发展战略国际论坛"在河南省驻马店市举行，论坛以"建设中国特色应用技术大学"为主题，推动、引导一批本科高校向应用技术型高校转型发展。目前，随着高校转型的热潮，高校图书馆要抓住机遇，审时度势，改变思维模式，从理论和实践上大胆摸索并探讨转型发展的走向，充分利用图书馆的优势主动搭建高校和地方的信息枢纽平台，积极推动高校与地方的联盟，参与校地互动、校企合作、资源共享、信息共享，一方面达到推动地方经济社会发展的目的，另一方面达到壮大图书馆规模、提高图书馆管理与服务的水平、实现地方高校图书馆可持续发展的目的。

一、遇瓶颈，剖析亟待解决问题

宏观认识存在欠缺。从表面上看，高校图书馆转型只是图书馆管理与服务方面的问题。其实不然，图书馆转型与高校顶层设计、图书馆领导的理念以及图书馆整体改革都有直接的联系，其不仅涉及战术层面，更关系到战略层面。因此，高校图书馆转型必须要着眼宏观，熟悉当前国际上图书馆领域变化的进程和特点。图书馆领导要有超前的思维和先行的理念，从而影响学校关于图书馆转型的顶层设计改革方案，加大图书馆转型的力度，提升图书馆服务区域经济社会发展的能力。

内涵建设不到位。为了适应高校转型，图书馆在内涵建设方面要有重大突破，要围绕"建设特色鲜明的应用型本科高校"的办馆目标，构建服务教学科研、贴近学生实践教育的服务体系，以内涵提升为抓手，加强资源建设，优化内外环境，提高资源利用率，努力使图书馆实现从知识中心向学习中心、文化中心的转变。

转型依然存在许多发展的障碍。图书馆如何转变长期形成的传统的大空间大流通格局；如何构建严肃的科研服务与阅读多形态、休闲文化方式等多样化服务体系；在资源建设方面如何协调以学科专业为基础的大体系建设和新增专业、应用专业集群建设之间的矛盾；如何实现传统纸质图书建设与数字联盟和移动网络飞速发展下的数字资源之间的并重发展，这些都是在应用技术大学背景下转型亟待解决的问题。

二、高校图书馆转型的切入点

高校图书馆转型发展首先要理清思路，结合实际，抓住机遇，敢于挑战，创新服务模式，找准切入点，明确转型定位，创新图书馆业务流程，变革服务方式，建造新的服务环境和社会交流空间。图书馆要积极融入地方发展，积极与地方政府、各行业和社会团体、企业进行深入沟通，共同搭建高校院系与地方联合的平台，形成产学研共建、共享的柔性机制。图书馆要充分利用网络和资源优势，建立教育培训基地，实现与用户需求的无缝对接。此外，图书馆还可以在缩小社会上新出现的"技能鸿沟"方面发挥重要作用，完善图书馆转型发展服务机制，立足推动地方社会经济发展的目标，承担社会赋予高校图书馆的责任和使命，走出一条符合图书馆实际的特色之路。

三、高校图书馆转型发展的实现路径

资源建设的多元化。高校图书馆转型发展的关键是要重新调整资源结构和布局，并重发展纸质资源与数字资源。资源建设多元化，其理念主要体现在：①馆藏结构多元化。馆藏文献资源建设要以学校专业建设为龙头，满足学校的教学、科研及应用型人才培养的需求，突出学校办学特色，并向重点学科、新增专业、特色专业倾斜，以"应用型"为支撑，以重点学科为主，集文、理、工、贸、经、体、艺等多种学科为一体。②数字资源多元化。在数字资源建设上，高校图书馆应将科研型和应用型数字资源结合起来，注重资源种类的多元化建设，既引进科研类数据库，提高保障教学科研工作的能力，又满足培养应用型人才的要求，把培养学生实践应用能力，提高学生各类资格考试的应试能力列入资源建设的重点工作，大力购买、自建适应教学和学生自学的数据库以及适应用户需求的应用数据库。③人才培养多元化。根据应用型、复合型人才培养要求，聘请知名的社会学者和大学生创业的成功人士做报告，介绍他们的经验和教训，以增强和提高学生的开拓精神和竞争意识。④资源建设渠道多元化。图书馆应注重高校专业建设的需求和读者阅读取向的发展，引进应用型的书籍，扩展资源的获取渠道，从而使资源建设能支撑专业发展、贴近读者需求、适应阅读趋势。

空间设计多元化。对于现代图书馆空间的认识，必须注重两个层面。①虚拟空间的建设。移动终端的普及为学生获取信息提供了更便捷的途径，图书馆作为信息资源的核心，首先就要让读者能够便捷地获取各种资源。其通过将图书馆中文电子图书数据库、中英文期刊数据库、报纸、论文、标准、专利等各种文献系统地整合于同一平台，实现了纸质文献资源与电子文献资源的一站式检索。图书馆还可以利用馆际互借、原文传递等方式帮助读者获取文献、整合数字资源，形成科研参考、视频教学、网络自修、电子阅读相结合的完整体系，从而成为服务于高校和地方的数字资源学习中心。②物理空间的设计。图书馆作为现代化的学习中心，应该具备丰富的功能、和谐的学习环境和完善的设施。图书馆在设计和布局上要充分体现个性化和多样化的特点。因此，其要在原有的传统阅读大格局的基础上，完善文化氛围建设，优化微环境，建设多元学习空间，满足不同读者的阅读述求。

建立数字化、智慧型、多元化服务体系。高校图书馆的转型重点和中心任务是要建立数字化、智慧型、多元化服务体系，加强网络服务平台建设，提供资源共享平台，积极拓展信息服务的新方法、新途径，构建互联网、高校与地方的网络服务平台，以功能现代化为标准，建立数字图书馆系统、自动化管理系统、计算机网络系统、电子监控系统、多媒体导读系统、通信系统、咨询系统以及文献查阅系统等，从而使整个图书馆的流通借阅系统和信息输送服务系统更具现代化和自动化效果。图书馆要依据用户的需求创建智能化信息服务模式、个性化推荐服务模式、知识管理服务模式，加强信息沟通和统筹，建立综合信息服务门户网站，提供一站式服务。

图书馆要充分利用数字化与信息技术，以电子资源为切入点，以网络联盟为途径，整合基础设施资源、人才资源、网络资源、读者资源，扩大流通领域和流通渠道，变拥有为付出，变静态为动态，变分散为整体，变自足为共享。图书馆要积极搭建政府信息网络中心与高校网络中心联合的平台，借助图书馆数字资源平台，构建集高校、社会和科技情报所三位于一体的资源整合共享机制，形成统一的大型数字图书馆资源库。图书馆还要充分利用共享资源，通过馆际互借、原文传递、开展咨询解答等，形成集定题服务、课题跟踪、个性化服务、重点读者服务于一体的智慧型咨询服务体系。

创设转型发展的良好氛围。应用技术大学环境下的图书馆转型是一个新生事物，需要高校领导在顶层设计方面的支持以及宏观的管理和引导。创设良好的转型发展氛围，需要图书馆以追求环境优美、技术先进、服务一流、流通多元化、读者满意等为目标，以资源数字化、流通网络化、信息个性化为突破口，在开发、整合、流通、传播、应用等工作中实现创新。对于图书馆转型发展的热点、难点问题，要坚持一切从实际出发，重视矛盾、分析矛盾、逐一化解矛盾，从而切实解决图书馆转型发展中的一些瓶颈问题。此外，还要加强对图书馆转型发展的宣传，创设有利于馆企合作的制度环境，利用图书馆的信息技术、数字资源以及数据库，建立应用科研机构，逐步形成产学研结合的长效机制。同时，高校图书馆还要坚持"合作共赢"的原则，通过联盟平台，发挥图书馆在资源、人才、技术、设备等方面的优势，全力支持应用技术大学的发展，积极参与和开展应用技术大学的科学研究项目，促进校企深度合作，共同承担为地方经济发展和社会全面进步的服务职能。

地方高校图书馆转型是紧密配合地方高校实施应用技术大学改革的一种必然选择，也是高校图书馆发展的大势所趋。作为高校的三大支柱之一，图书馆早改革，早受益；晚改革，晚受益；不改革，不受益。地方高校图书馆转型发展是一个系统工程，任务艰巨，挑战巨大，涉及制度建设、资源建设、人才队伍建设等方方面面，必须统筹规划、有序推进。因此，其应彻底抛弃等、靠、要思想，围绕"建设特色鲜明的应用型高校图书馆"这一目标，积极探索、勇于创新，加快高校图书馆转型的进程，实现图书馆的可持续发展。

第六节　基于区块链技术构建智慧阅读平台

高校图书馆的智慧化服务建设如火如荼，而阅读平台的智慧化建设却遭遇瓶颈。区块链技术作为新兴的颠覆性技术之一，具有去中心化、可信度高、数据不可篡改等特点，为智慧阅读平台建设提供了新的思路和手段。采用了文献调研法和比较分析法对区块链技术构建高校图书馆智慧阅读平台的应用可行性进行了研究，并将传统数字阅读平台和区块链智慧阅读平台进行了比较分析。本节基于区块链技术构建阅读平台的诸多优势，提出建立一个去中心化、体现原创作品价值、读者个性化定制且便于图书馆与阅读团队监督管理的智慧化阅读平台，以期推动高校的阅读推广工作。

近些年来，随着信息技术的高速发展和5G网络的普及应用，高校图书馆的纸质书阅读量逐年下滑，用户阅读从传统图书馆转移到电脑、移动终端以及云端，数字阅读占据的份额逐年增加。目前以用户为中心，运用数字阅读平台获取信息已经成为高校师生学习、生活的首选模式，有网络就可以进行实时阅读，图书馆内的传统阅读模式受到了冲击与挑战。同时，数字阅读平台也存在一些问题，例如：部分读者在阅读过程中存在深度浅、碎片化高、功利性强的情况；平台缺乏对数字阅读资源版权的保护；平台数字阅读资源的水平参差不齐；原创作品版权的交易成本较高。高校图书馆虽然每年都举办图书节活动，定期制作发布微信、微博和抖音等自媒体内容进行阅读推广工作，但依旧不能完全激发学生的阅读积极性，阅读模式和手段急需创新。

近几年，区块链技术的发展在全球掀起了热潮，从最初的加密货币到现在的众多行业，区块链技术的影响正日益普遍，有些甚至是颠覆性的，目前区块链技术在金融、物流、医疗保健等行业已经有了较为成熟的应用。2016年，国务院印发的《"十三五"国家信息化规划》中首次提出了区块链技术应用，为区块链技术在我国的发展奠定了政策基础。2017年9月19日，国内首家区块链图书馆在深圳前海自贸区成立。2018年6月15日，网易区块链资讯阅读APP"易头条"正式上线。2019年7月1日，中国第一个区块链学院在南昌成立。当前我国高校图书馆的建设已经进入智慧化阶段，人工智能、大数据、云计算等新兴技术已经被应用于实现图书馆的智能化和信息化。本节将研究区块链技术在高校图书馆智慧化建设中的应用前景，探讨基于区块链技术构建图书馆智慧阅读平台的可行性并进行功能设计。

一、高校图书馆数字阅读平台存在的问题

高校图书馆现有的数字阅读平台在保留传统图书馆的书籍和阅读场所的基础上，提供了大量的数字化信息，包括电子书籍等相关信息数据，为用户提供部分定制化、个性化服务。虽然数字阅读平台具有内容多样、成本低廉、方便快捷的优点，但是随着信息科学技术的进步，以人为本的理念深入人心，图书馆数字阅读平台的局限性正在被逐步放大，通过系统分析存在以下问题：

独立发展导致重复建设。在高校图书馆的数字化改造过程中，各高校馆建设相对独立，基本集中在自身的服务范围、规模、特色和技术选型等方面上，对于和其他图书馆在互联互通、资源共享方面下的功夫较少，因此，形成了众多的信息孤岛，用户在获取不同信息时，必须点击不同高校图书馆的管理系统，让读者快速查找利用信息造成了不便。同时，由于各高校在数字图书馆建设过程中沟通较少，因此存在建设内容同质化现象，宝贵的资金投到相同领域大量地进行重复建设，极大地浪费了资源。

网络化降低平台安全性。为了方便阅读，提供给用户更多的数字资源，数字图书馆阅读平台利用互联网技术开放访问，使得读者可以在线访问图书馆资源。但是，开放使得数字图书馆阅读平台暴露在互联网上，遭受恶意攻击的安全风险增高，一旦遭受攻击所造成的经济损失是无法估量的。

知识产权保护问题显著。近些年来，我国在知识产权保护领域成绩卓越，知识产权保护力度逐渐加强。对于高校图书馆的数字化阅读平台，为了提高用户访问量，需要即时更新一手电子资源，而知识产权的高昂壁垒使得独立高校数字阅读平台的发展受到限制，知识产权的纠纷影响了高校图书馆服务水平的提升。

阅读平台缺乏智能化。数字阅读平台建立在互联网上，用户只需在网页上点击检索，就可以获得海量的相关信息，但用户真正需要的信息和大量的无关信息夹杂在一起，用户需要花较长的时间去甄别验证，平台无法根据用户的需求智能化地推荐个性化、专业化的精准信息。

二、区块链与智慧图书馆

区块链技术综述。2008年，中本聪在P2P Foundation网站上发表的比特币白皮书《比特币：一种点对点的电子现金系统》文中首次提出了区块链概念。比特币的底层技术，本质上是一个去中心化的数据库，是一种按照时间顺序将数据区块以顺序相连的方式组合成的一种链式数据结构，以密码学方式保证、不可篡改和不可伪造的分布式账本。中本聪创造了世界上第一个区块——创世区块，之后新生成的每个数据区块都包含了该段时间内的相关交易信息，用来验证信息的有效性。

区块链的核心技术主要包括：分布式账本技术。分布式账本技术与传统记账方案的最大区别就是去中心化,网络中不同位置的节点都进行交易记账,这些节点记录了完整的交易数据,并且互相监督证明。单一节点不可以单独记录账目,单独或多个节点的损坏也不会丢失损坏账目,从而提高了数据的安全性和可信度。非对称加密和授权技术。区块链上存储的交易信息是公开的,但交易账户的身份信息是不能直接访问的,通过对数据进行非对称加密,保证了数据的安全和隐私,交易账户的身份信息只有在数据所有者授权的情况下才能够访问。共识机制技术。为了证明数据的有效性,让所有记账节点取得共识,区块链设计了多种共识机制。中本聪设计的工作量证明机制,其原理是要取得网络中 51% 的记账节点的共识,才可以修改一条账目数据,当网络中的记账节点数量足够多时,数据造假变得不大可能。智能合约技术。智能合约技术通过运用可信且不可篡改的区块链交易数据,制定预先定义好的规则和条款,一旦达到触发条件,自动执行相关合约。区块链的框架结构与核心技术使其具有去中心化、可信度高、数据不可篡改、公开透明、集体维护性等重要特性,从而实现区块链网络的可信、公开、透明,减少了交易成本,提高了系统效率。

  区块链技术在高校智慧图书馆中的应用前景。智慧图书馆是指将智能化技术应用于图书馆的建设与服务中的新型建筑,它以信息服务为中心,充分运用最新的网络化、数字化智能信息技术,实现人与物、物与物的互联互通。图书馆为了提供高效低能、全面感知、无线泛在的智慧化知识服务,需要借助现有的信息科学技术,其中包括云计算、大数据、物联网等,而区块链技术的出现,为智慧图书馆的建设提供了新的选项。目前,高校图书馆依然把信息资源的采购、管理和服务作为基础核心服务,而图书馆智慧化建设的庞大需求为区块链技术应用的落地提供了肥沃的土壤环境,区块链技术的特性客观上提升了其在智慧图书馆领域应用的契合度,主要体现在以下方面:

去中心化。去中心化技术使得系统内的所有节点可以平等地互相获取图书馆的信息数据，同时节点之间通过共识机制来保持数据的一致性，防止恶意篡改数据，为高校图书馆的信息资源充分共享构建了一条安全可靠的通道。

安全性。区块链由一串区块组成，每个区块都与上一个区块的哈希值相对应，要修改前面的任一区块，就必须修改后面的所有区块，且区块内的数据具有时间戳，从而保证了数据的可追溯性，通过区块链技术构建高校图书馆数据存储系统，用户可以便捷地访问数据资源，杜绝外界恶意篡改，保障了高校图书馆的数据存储安全。

智能化业务。智能合约技术由于预先制定了脚本代码，各方都无法修改干预，从而保障了系统自动化运行的可信度，促进了高校图书馆业务流程的智能化。

三、基于区块链技术的智慧阅读平台的构建价值

在高校智慧图书馆建设的背景下，将以"区块链"技术为代表的新一代信息技术应用于图书馆数字化阅读平台，构建更具智能化、个性化、专业化的智慧阅读平台，给高校图书馆界带来了挑战和机遇。服务是评价图书馆价值的重要指标，运用基于区块链技术的智慧阅读平台，使用智能化设备采集读者的阅读需求、行为和满意度信息，利用大数据分析读者的阅读数据，从烦冗、独立的数据背后准确发现、预测出读者的阅读需求与行为，从而为高校图书馆提供精准化的读者服务奠定了基础。

信息资源建设的开放与共享。利用区块链技术的不可篡改和可追溯性，建立分布式阅读平台基础数据存储系统，其中包括高校图书馆相关信息资源，特别是特色馆藏数字资源，图书馆外的机构、部门、读者可以将自身的相关信息

资源(如论文、报告、多媒体课件等)共享。这种设计使得图书馆从繁重的机构库建设工作中解脱出来,改变了传统工作职能,推动高校图书馆从信息传播者向组织管理者转变,从而促进了图书馆智慧阅读服务功能构建。广大读者、机构享受着平台提供的智慧化服务,同时又是信息数据的提供者和分享者,这样开放共享的环境使得每个阅读主体能够将自己的阅读感受与评价分享给其他主体,并且可以对阅读平台服务提出自己的意见。

阅读过程的精准与自主。数字化阅读的崛起使得高校图书馆必须正视,与其哀叹纸质阅读的衰落,不如主动拥抱数字媒介,主动使用新技术。基于区块链技术构建智慧阅读平台,运用分布式记账技术记录读者的阅读轨迹,为读者提供精准的个性化服务,满足读者深层次的阅读需求,利用区块链的可追溯原理,密切跟踪读者的阅读痕迹,有效推进读者之间的阅读互动。在传统阅读平台中,读者会因为被动阅读引发缺乏阅读热情,通过运用区块链技术,在图文阅读的传统媒介上,引入当下流行的视频、直播等新媒体技术,构建读者能够参与的阅读交流、互动直播等子系统,建立覆盖相关子系统的区块链数据存储,以此来支持讲座、课程和自媒体的品牌形成和内容追溯。数据的实时性和完整性提高了读者的主动性和黏性,激发了阅读积极性,真正将平台打造成为自主阅读的系统。

知识财富的保护与流转。区块链技术的可追溯性使得平台里可以记录每位读者的阅读学习信息、学术成就、原创作品和学习成果等,这些信息被统称为知识财富。传统阅读平台对于作者的知识产权保护较差,通过运用区块链技术的不可篡改特性,用分布式记账技术明确了作者文章、作品和学术成果的版权,结合智能合约技术,建立读者与原创作者的便捷交易渠道,一旦合约条款触发则自动获得相关作品的阅读许可或作品版权,系统自动记录每次许可或转让,作品的版权状态也可以实时查询，在阅读资源的提供者和消费者之间构造了一条去信任化的资源交互通道，从而激发了双方的参与热情。基于区块链技术构建的智慧阅读平台，是可信的系统，它保护了作者的知识财富，同时，也可以在作品版权被侵害时为执法部门迅速提供证据。同时，平台使用阅读积分作为知识财富的量化指标，读者可以使用阅读积分来兑换原创作者在阅读平台上发布的原创作品，而高校图书馆可以通过货币资金回购阅读积分的方式，实现阅读积分的财富价值，提高原创作者的积极性，促进图书馆知识财富的流转，激励读者主动参与图书馆的知识传递团队，终身阅读变成了习惯。

阅读平台的智能与安全。经费不足是制约阅读平台建设的重要因素。运过区块链技术构建图书馆智慧阅读平台，利用分布式存储和智能合约技术，在分布式终端上完成海量信息数据存储和验证工作。传统阅读平台运营需要大量的人力物力，效率相当低下，而平台只需要少量的工作人员进行监管维护，因此，新平台具有成本和效率优势。区块链技术具有时序稳定性，将图书馆的智能设备整合入平台，为阅读平台的智慧化线下服务提供了新的解决方案。例如：门禁系统、人面识别、智能书架和RFID系统等，都可以利用区块链的分布式管理技术，用唯一的标识接入到平台，使得平台可以授权提供给读者相应的图书馆设备、空间的智慧化服务。区块链技术的"共识机制"可以避免平台数据被篡改，分布式存储的架构确保了数据的完整性，保证了平台的安全。

四、基于区块链技术构建智慧阅读平台的建设思路

运用区块链技术构建高校图书馆智慧阅读平台，其核心思路就是将分散、独立的松散阅读模式整合为内容多样化、资源共享化和手段智能化的智慧阅读模式。智慧阅读平台主要由区块链化的基础数据存储系统和智慧阅读平台两部

分组成。其中基础数据存储系统主要利用区块链技术，对各种阅读资源和用户信息进行元数据加工，形成区块链化的基础数据存储（图书馆存储、学生信息存储、其他机构存储等），作为智慧阅读平台的数据来源，同时运用区块链技术构建平台和子系统，为读者提供了友好、便利的使用界面和功能。

平台区块链技术架构。高校图书馆智慧阅读平台的基础区块链系统由应用层、合约层、激励层、共识层、网络层和数据层组成。其中，应用层封装了阅读积分系统和阅读积分获取与支付的应用场景和案例；合约层主要封装了系统的各类编程语言、算法脚本和智能合约，这是系统进行编程的基础；激励层通过在区块链系统内运用经济因素调动积极性，主要包括积分发行机制和分配机制；共识层主要封装网络节点的共识算法，本区块链采用挖矿 POW(Proof of Work) 共识机制，以阅读量等指标作为工作量挖力统计，也就是说"阅读即挖矿"；网络层主要包括去中心化组网、数据传播与验证等机制；数据层主要包括底层数据区块、时间戳和非对称加密机制等基础数据与算法。

平台系统功能架构。基于区块链技术的智慧阅读平台主要由去中心化阅读子系统、原创作品众筹子系统、线下阅读活动子系统和个人信息管理子系统 4 个部分组成。

去中心化阅读子系统。阅读子系统采用去中心化结构，运用区块链的分布式账本技术实现读者与资源、读者与读者之间的联系，从而破除了传统阅读平台某些机构与个人的资源垄断地位，使得高校图书馆、机构单位和个人可以加入到阅读资源共享上来。同时，图书馆运用区块链设计符合阅读平台规章制度的智能合约，使得平台可以自动处理数据最繁杂的管理工作，例如：人工验证审批、读者注册申请等。子系统中的图文阅读交流模块供高校阅读组织发布各类互动阅读信息，并推送给订阅用户，读者可以根据自己的兴趣选择加入相关阅读组织的专属平台，发布图文信息进行交流并参加相关活动；试听学习阅读模块是以视频播放的模式，邀请行业内知名的专家和学者录制讲座视频，给平台读者提供优质的阅读资源；直播互动交流模块是借助直播模式，让优秀阅读者在平台上向其他读者分享自己的阅读感受并进行互动，每个阅读者都可以提交申请，待批准后进行直播。

原创作品众筹子系统。阅读平台的生命力不仅体现在阅读推广，而且应该能够激发原创作者的积极性。通过运用区块链技术，摆脱传统模式下依靠出版社等机构的第三方模式，以去中心化思想建立作品生产、发布、传播和消费的原创作品众筹子系统，具体来说就是运用数据的分布式存储和不可篡改特性，建立包含作者原创作品和收费账单的数据区块，实现了版权确权和盗版遏制。通过设计智能合约，读者通过众筹并支付给原创作者稿酬即可自动触发此合约，从而确保读者获得该原创作品的阅读权利，同时作者获取相应稿酬。该系统设计降低了读者阅读花费，也提高了作者的积极性，调动了双方学习阅读热情，提升了阅读效果。子系统中的原创作品展示模块可以让原创作品部分内容预先展示在网络上，先供读者挑选，从而避免拙劣的作品上市，促进了原创作品的优胜劣汰；智能合约众筹模块则提供了读者低消费众筹原创作品、作者便捷获得稿酬的快速渠道。

线下阅读活动子系统。传统线下阅读活动，例如：讲座、读书会、书展以及读者学习活动，由于缺乏相应的数据和标准，无法对其进行科学评估和精准组织，而区块链技术通过完整的数据链式结构，可以有效评估和组织线下阅读活动。子系统中的阅读统计分析模块从不同维度（年龄、性别、专业、年级等）对阅读活动进行统计分析，为平台的阅读推广工作提供了抓手；活动组织管理模块可以协助线下阅读活动，帮助阅读社团完善组织形式和管理职能，如阅读活动组织、人员分工和经费管理等；图书馆监管模块可以对线下阅读活动组织人员和相关活动内容进行全程监督，发现问题及时告知并予以指导纠正。

个人信息管理子系统。运用区块链技术里的主链、侧链结构，构建个人信息管理子系统，为读者提供个性化阅读定制服务。子系统中的个人阅读定制模块主要记录读者的基础信息、在线学习记录以及定制的阅读资源信息；自媒体发布模块主要是同步读者的自媒体(微博、今日头条等)内容，并对其中的优质阅读内容进行发布展示；阅读积分管理模块主要记录用户的阅读积分，并记录积分的消费记录以及排名。

阅读积分系统。在阅读平台内建立阅读积分系统，可以用积分量化用户的知识财富。用区块记录用户在阅读平台上取得的各类成绩与成就，其中包括读者的阅读时长、阅读量、线上学习点赞回复以及原创作品等。平台对相关成绩与成就进行积分量化，对阅读过程中每个环节的参与者，包括资源创作者、阅读者、转发者等进行统计，最终把相应的阅读积分奖励给用户，而用户可以通过平台使用阅读积分换取相应的服务，例如：众筹版权、转让学习资料、图书超期罚款以及兑换毕业纪念品。阅读积分的系统运转方式有利于激发用户的阅读积极性，促进阅读平台良性运行，为衡量用户阅读效果提供了评判依据。

区块链技术的横空出世，为图书馆的智慧化建设提供了新的思路与手段。虽然区块链技术具有很多优点，在金融、物流、保险领域有了不少应用，但其在图书馆的应用实例并不多，特别在阅读推广领域几乎是空白，区块链技术被高校图书馆界接受仍需要时间。当今高校智慧图书馆的建设如火如荼，尤其在电子阅读量超越纸质阅读量的背景下，建立符合新时代读者需求的智慧阅读平台已是迫在眉睫。基于区块链技术构建智慧阅读平台，定能推动高校图书馆智慧服务的发展，为区块链技术在图书馆的应用推广进行探索。

第七节 高校图书馆智能机器人的应用路径探究

在简述国内外图书馆智能机器人应用现状的基础上,针对当前国内外高校图书馆智能机器人技术应用的现状进行分析,论述了其优势、障碍和应用建议,针对性地提出了解决措施。结合以往学者的研究经验,主要采用文献研究和分析的方法,对学者观点进行梳理与归纳。在此基础上,采用流程图法直观阐述高校图书馆智能机器人的工作原理。高校图书馆智能机器人的建设是一项系统工程,机器人馆员是实现智慧图书馆的具体方式,是促进图书馆自动化智能化的保证,对改变传统图书馆服务模式,提升服务质量具有重大的意义。

随着科学技术的蓬勃发展,计算机技术、人工智能、通信技术及网络技术为机器人技术的发展提供了强有力的技术支撑。现如今,智能机器人技术已经趋近成熟,它可以为人类提供高效率、高准确度、高精度的作业,在服务业、生物医药、汽车制造、新能源以及航空航天产业中应用广泛,并以强有力的冲击力向更为广泛的领域拓展。

高校图书馆作为社会文化产业的重要组成部分,与现在服务业息息相关。现代科学技术的进步和智能机器人的应用对高校图书馆的发展也产生了重大的影响。图书馆丰富的纸质资料如藏书、文献和期刊等不断扩充,同时电子版馆藏的发展使得作为信息、图书、文献存储中心的高校图书馆面临着巨大压力。

然而目前大部分高校图书馆的馆员仍然采用人工的方式进行日常图书馆的管理,不仅耗费大量的人力,而且工作效率和质量已经无法适应馆藏激增。因此,为减轻高校图书馆员过高的劳动强度和工作效率低下的问题,将智能机器人应用于高校图书馆的日常管理和学生服务中已经成为当前图书馆研究的热门问题。这既迎合了高校图书馆向智能化、信息化发展的趋势，也可以减轻传统人工图书馆员重复性的烦琐劳动，提高高校图书馆的服务质量和工作效率。在未来的高校图书馆管理和服务工作中，机器人馆员必将发挥巨大作用。

一、国内外图书馆机器人应用现状

智能机器人涉及了许多交叉学科，产生于计算机技术和人工智能技术的基础之上。图书馆的智能化发展势必会引入智能机器人馆员，以智能机器人为代表的机器人馆员可以代替传统图书馆员，开展多项工作。近年来，对机器人馆员的研究已经成为许多领域关注的热点，国内外的学者和机构对机器人馆员的研究取得了初步的成果，并且有一些应用成功的案例。

自助图书馆。自助图书馆简单说是一台自助图书馆服务机，包含小型机柜、书架、电脑操作台等硬件设备。可以实现自助借书、自助还书、申办新证、预借服务和查询服务等。这种自助图书馆类似于银行的自动取款机，图书的借阅与查看需要读者个人完成，不需要任何人工服务。与传统模式的图书馆相比，自助图书馆可以实现无人工服务的24小时自助服务工作，既可以减少劳动力的人力成本，还可以为广大读者提供便利的借阅条件。但因为自助图书馆采用箱式存取结构，受到了机柜空间较小的限制，存储的书籍十分有限，因此是一种智能化程度较低的图书馆机器人馆员。

此类图书馆在国内已有应用，比如首都图书馆北门的自助图书馆。此外，早在2008年，深圳第一批引入自助图书馆设备，截至2010年11月，已经上升至141台自助图书馆。并还将陆续引入三亚、珠海和昆明等其他城市。

自动化立体书库机器人。传统图书馆书库存在着占地面积大、存取书籍耗时长、人工劳动效率低、人力成本高、盘点准确率低等种种问题。自动化立体书库是可以实现自动存取和书籍管理的一种新型的现代化书库。自动化立体书库是在自动化立体仓库的基础上提出的。自动化立体仓库,也称为自动化立体仓储,是在物流仓储中出现的新兴概念。

自动化立体书库主要是由书库的书架、巷道式堆垛起重机、入(出)书库工作台和自动运进(出)书籍及操作控制系统组成。书库的书架是由钢筋混凝土或者金属混合物组合而成,书架内的尺寸可以根据需求定制,为书籍提供标准的书位空间,巷道堆垛起重机穿行于书架之间的巷道中,完成存书、取书的工作。操作系统主要采用计算机条形码技术完成。采用高端的计算机技术和管理技术,可以使得自动化立体书库的功能得到最大限度的发挥。通过自动化立体书库可以实现图书馆藏书的高层合理化、存取自动化以及操作简便化,可为高校图书馆提供存书、取书的自动化解决方案。

与工业机器人的应用十分类似,这类自动立体书库机器人可以提高空间利用率,减少藏书的仓储用地,节省土地投资成本;便于形成先进的存取书系统,提高高校图书馆管理和服务水平;可以提高学生存取书籍的速度以及准确度,提高效率;自动化立体书库在一定程度上也可以减轻图书馆馆员的劳动强度并且改善高校图书馆的工作环境;便于实现整个图书馆的系统化和整体化。但是,这种自动化立体书库还存在一定的缺陷,比如当自动化系统发生故障时,需要关闭书库进行重启,届时学生将无法借阅图书。

由于自动化立体书库和配套的系统造价昂贵,国内高校图书馆还没有使用该设备,部分国外发达地区的高校和地方图书馆已经成功地引入该设备。例如,英国国家图书馆现今已经将馆藏的部分书籍放入了高科技藏书库,由机器人代替人力,实现保管、存取、检索和查阅等智能化的服务功能。在美国,犹他州维拉德麦若特图书馆提出过图书自动存取中心的概念。美国芝加哥大学的曼索托图书馆每年新增书籍约为 15 万册，基于自动化立体书库的思想，目前采用了一种先进的机器人堆叠书库管理系统，采用按书籍尺寸装箱贮存，能收藏 350 万册书籍，而占地面积仅为常规书库的七分之一。设计这一系统的德马泰克公司，为芝加哥大学图书馆设计了一个拥有五层占地面积的地下藏书库，由五个机器人升降机来操作，全部采用最先进的自动化管理系统，完全取代了人力，提高了图书馆日常管理的效率。

咨询及决策参考机器人。传统的人工咨询服务形式由于图书馆咨询服务人员有限以及非工作日和国家法定节假日的影响，已经远远无法满足高校图书馆的咨询服务需求。于是，结合人工智能技术，应用基于自动化服务的图书馆参考咨询机器人正在成为一种新的发展方向。

目前咨询及决策参考机器人主要分为三类，即即时通讯 (IM) 软件、数字参考咨询软件和用户定制软件。IM 软件能够及时发送和接受互联网消息，已经发展成为集交流、咨询、娱乐和办公等综合化的信息平台，由于使用门槛低、交流形式多样、使用方便和成本较低等特点，在图书馆领域也得到了重视和运用。

国内具有代表性的包括清华大学图书馆的"小图"和上海交通大学的"小交"，可以为广大师生提供咨询服务和参考决策。主要功能还包括自我学习和聊天气、聊时事、查快递等日常功能模块。国外以德国汉堡市公共图书馆的虚拟聊天机器人"Ina"为代表。

图书搬运机器人。自动导引运输车 (Automated Guided Vehicle, AGV)"即：Automated Guided Vehicle 简称 AGV，当前最常见的应用如：AGV 智能搬运机器人或 AGV 小车，主要功用集中在自动物流搬转运，AGV 智能搬运机器人是通过特殊地标导航自动将物品运输至指定地点，最常见的引导方式为磁条引导，激光引导，射频识别(RFID)引导等。

图书搬运机器人是 AGV 的一种。AGV 当前最常见的应用包括 AGV 搬运机器人和 AGV 小车。AGV 图书搬运机器人可以通过特殊地标的引导，自动将书籍运输至指定地点，最常见的引导方式有磁条引导、激光引导和 RFID 引导等。其中 RFID 引导是目前最为广泛的应用。其成本适中、引导精度高、环境适应性强和性能稳定也是其他两种常用导航方式不具备的。

与成本高昂的自动化立体书库相比，图书搬运机器人可以在不改变图书馆原有书库结构的前提下，自动完成一些书籍的搬运、存储和查找工作，可以减少图书馆员工作的重复性。其组成结构简单，工作效率高，因此在欧美许多大型图书馆都已经建成其各具特色的 AGV 图书搬运机器人。例如，德国洪堡大学图书馆 AGV 图书搬运机器人，通过金属感应条可以为不同阅读区提供书籍传阅；日本大阪市立大学图书馆的 AGV 机器人由地下磁导引线实现图书收纳。国内目前也积极应用这项技术，例如南大仙林校区杜厦图书馆外文阅览室，已经出现 AGV 图书搬运机器人。

二、图书馆智能机器人的优势

图书馆智能机器人的构成包括终端用户、基础设施层和技术支撑层(其中包括机器人馆员、云计算和大数据、系统操作技术、核心硬件技术和应用软件技术)，通过信息处理平台，实现应用服务层中实时咨询、高效藏书和社会化服务的职能。

实现实时咨询服务。在高校图书馆中，实时咨询服务工作是高校图书馆参考咨询工作的主要组成部分。在这个信息爆炸的时代，信息资源数量庞大。由于高校图书馆馆员人数有限、专业参考咨询人才匮乏和工作时间的束缚，参考咨询工作很难满足高校师生的需求。

图书馆智能机器人的出现,就使得这些问题迎刃而解。智能机器人的参考咨询服务工作不存在时间限制,可以二十四小时满足广大师生的参考咨询需求。同时,智能机器人可以实现像人脑一样的思考,为读者提供更加便捷的服务。

实现高效藏书管理。传统高校图书馆员的基本工作就是对馆藏书架的整理,现在大部分图书馆仍旧通过传统的工作经验来完成对书籍的上架处理。但由于近几年图书出版量的激增,导致引进新图书时需要耗时耗力移动书架,通过移架、倒架来完成图书的整理工作,在一定程度上增加了图书馆馆员的工作量和工作强度。

在国内,华南理工大学申报了《高校图书馆虚拟排架系统的设计与实现》课题,该项目以 JAVA 平台上开发,利用主流的企业级应用框架 Struts、Spring 和 Hibernate,采用分层架构模式,利用计算机强大的计算能力,对图书排架情况通过计算和处理后,按照指定的排架方式展示出来,以达到模拟排架、定位图书、智能查找的功能。这样的智能排架机器人可以提高图书馆的工作效率,减少无谓的体力劳动,使得图书馆在书架的排布上更加合理化、科学化。

培养虚拟图书馆员。随着社会的发展和信息的日新月异,图书馆用户的需求正在向智能化、精准化和个性化方向发展,这给高校图书馆现有的传统工作带来了挑战和危机。高校图书馆应该正视挑战,把握机遇,充分发挥虚拟图书馆员的巨大作用,协助传统图书馆员的工作。

在信息检索、信息咨询及决策服务的同时,利用虚拟图书馆员建立 SQL 数据库,方便不同用户查找和利用信息。还可以为其提供个性化服务,比如提供不同学科、不同专业的师生筛选并推送该学科或专业的有效信息资源,便于高校师生及时把握本专业的前沿知识；为目标用户提供合适的书刊、文献等；虚拟图书馆馆员不仅仅可以解决传统图书馆员人员不足和专业知识匮乏的问题，还可以为高校师生提供更加高效的参考咨询服务，从而提高高校图书馆的学科服务能力。

实现高校社会化。基于计算机技术和人工智能技术的图书馆智能机器人不再是简单的自动化机器，而是更具人性化的机器人。未来的图书馆机器人不再单一服务图书馆，它将向着教育教学、社会公益服务、网络服务和社交媒介等社会化服务扩展。

图书馆智能机器人可以顺利完成信息咨询、信息服务、信息检索、图书借阅和在线聊天等功能，在不久的将来还可能会实现读者在线课程教育培训等新兴功能，可以打破高校传统的教学模式，改变传统课堂的枯燥氛围，丰富教学资源，拓展教学手段，为社会提供高校的优质教育资源和文化资源。可以预见，随着大数据、机器人学习、人机交互等技术的发展，高校图书馆将为社会提供海量的知识信息，为社会提供更多的教育文化资源。

三、高校图书馆应用智能机器人的障碍

智能化和自动化程度较低。虽然我国在人机交互和智能机器人等相关领域的研究已经深入各行各业，但应用在图书馆方面的智能机器人技术寥寥无几。国内高校图书馆多采用传统的开架书库，即直接向读者开放的藏书书库，可以方便读者走入书库进行书籍的查阅和浏览，便于读者选择自己喜爱的书籍和期刊。这种传统开放书架布局的方式优点在于可以帮助读者近距离接触到图书，方便图书选择。但从另一个方面来说，开架的传统书库常常会发生图书乱架、空间浪费和图书丢失等问题。因此，也给图书馆馆员增加了工作难度。高校图

书馆机器人应用在一定程度上改善了传统图书馆存在的问题，但目前我国高校图书馆智能机器人的应用多停留在智能搬运机器人的阶段，在智能决策、智能服务、智能检索等方面均有待加强，因此需要更加智能化、自动化的机器人应用到高校图书馆工作中，帮助高校图书馆完成更加专业、精准的工作。

广度和深度较低。国内高校图书馆乃至普通的图书馆在智能机器人应用方面远远不及发达国家的图书馆。现今我国已经应用的智能机器人大多也仅仅停留在图书分类、图书搬运、自动存取等工作，缺少一整套完整的机器人服务系统。笔者分析，其原因是因为智能机器人是多学科交叉科学，这使得智能机器人在设计时很难从高校图书馆的实际情况出发，无法站在图书馆的角度进行全局的、系统的设计。

国内自主创新能力不足。在我国，智能机器人核心技术的缺失为智能机器人的推广工作带来了瓶颈。智能机器人的核心零件仍旧需要依赖国际市场，无疑也增加了国内智能机器人的使用成本。智能机器人应用于图书馆也是其典型的应用市场之一，因此，国内的高校、企业应该加强自主创新能力，展开实验研究，尽早为中国的智能机器人产业做出具有核心竞争力的产品，形成中国自身的竞争优势。

行业体系不完善。目前图书馆机器人的开发设计过程和研发团队通常各自为战，因此缺少统一的行业标准、缺少顶层设计、存在兼容困难等问题。图书馆行业从业者应该加强沟通，将自身诉求告知智能机器人生产厂家，密切与研发和生产机构的沟通与合作，从而完善图书馆智能机器人产业体系。

四、高校图书馆智能机器人的应用建议

在中国，智能机器人在图书馆特别是高校图书馆的应用仍处于弱势地位，

智能机器人要想应用在高校图书馆，必须基于射频识别技术、视觉识别技术、语音识别技术、机械控制技术、数据库技术等各种技术的交互融合。笔者基于目前存在的问题，对智能机器人在图书馆的应用提出以下几点建议。

利用自身优势，寻求资助。高校图书馆智能机器人的应用和普及离不开资金的大力支持，因此国家的政策支持和资金支撑成为高校图书馆能否引进智能机器人的决定性因素。但是，从设计到购买和保养一套智能机器人系统将会是一笔不菲的费用，高校图书馆没有盈利途径，所以很难实现智能机器人的购买。高校图书馆可以借助自身优势，积极完成高校图书馆智能机器人应用的相关课题，争取早日实现智能化。与此同时，使用和引进智能机器人必须要充分考虑高校图书馆的实际需要，并且应该用长远的眼光来看待这个问题。

融合各类技术，建设综合应用环境。高校图书馆必须通过与多种技术的相互融合才可以打造出智能化、系统化、社会化的综合应用环境。比如，通过射频识别技术明确图书的定位，确定书架排次，方便读者的存取与查找；通过室内导航技术，让智能机器人在图书馆内毫无障碍地来回穿梭，使得运输过程更加顺畅；通过视觉识别技术，可以让机器人精准地抓取图书，顺利地完成取书、传送、避障等过程。

通过打造综合的应用环境，可以很好地解决图书馆中藏书定位、搬运的问题，同时在传统图书馆完成智能化改造的过程中，也可以顺利地建设高校智慧图书馆。

分解应用场景，逐个击破关键环节。图书馆引进智能机器人有别于一般的工业机器人，它是包含了图书馆员、借阅者、藏书库、书架、书籍、期刊、桌椅等非结构化的人和物所组成的相对自由、流动、开放的因素。因此，高校引进智能机器人一定要根据不同应用场景的需求进行选择，设置机器人在不同场景的服务要求。并且要针对存取图书、搬运图书和图书扫描等关键环节进行专门的设计与研究，争取创造最合理、最科学、最优化的处理方案。

实现共建共享，健全应用链条。目前我国的高校图书馆智能机器人建设仍处在初级阶段，因此各个高校图书馆应该加强资源的共享和设计共建。图书馆可以直接寻求广泛的合作与协调，并且可以与国内外的机器人开发厂商或企业建立一个图书馆智能机器人共享平台。

高校图书馆智能机器人是融合了计算机技术和云计算等先进科学技术的新型智能应用。高校图书馆机器人馆员是实现智慧图书馆的具体方式，是促进图书馆自动化智能化的保证，对改变传统图书馆服务模式，提升服务质量具有重大的意义。同时，高校图书馆智能机器人的建设也是一个复杂的过程，在其构建过程中势必存在许多问题，但高校图书馆智能机器人应用一定是未来高校图书馆发展的必然趋势。

第八节　基于"万物智能"的智慧服务融合研究

国内外关于"万物智能"的研究大多集中于智能发展变化，智能应用以及影响等方面，而涉及"万物智能"环境下的图书馆服务融合体系的研究则相对不足，因而初步探索图书馆服务融合体系的途径具有学术和应用意义。结合"万物智能"的大环境，有机融合并改善图书馆的服务体系，能使"万物智能"从整体上综合地、个性化地作用于读者身上。

近年来，在物联网、云计算等新技术的推动下，数以亿计的终端设备接入互联网，越来越多的人与信息连接到互联网，我们所处的世界已从物联网时代进入"万物互联"时代。我们身边越来越多的类似智能手环、智能手表、智能水杯、智能牙刷等等的智能硬件产品进入市场,"互联网+"正在重塑传统行业,伴随万物互联、大数据、云技术、超级计算等技术的发展,互联网的智能化进程正在不断加速,人类将从"万物互联"走向"万物智能"时代。

万物智能的关键是人机交互和人工智能。新时代的图书馆也在积极地改变传统模式,适应万物智能这一趋势,从而形成智能化图书馆。作为未来图书馆的新模式,智慧图书馆正在成为图书馆创新发展、转型发展和可持续发展的新理念和新实践。在"万物智能"的发展背景下,图书馆信息资源具备大数据特征,使得图书馆获取用户信息流、整合异构服务、实现服务融合成为可能。国内外很多学者已经对人工智能的多方面进行了研究,本节力图对诸多研究进行归纳和概括,并在此基础上深入研究图书馆信息服务融合体系的意义,提出研究的前瞻方向,以期有助于该体系的建设。

一、国内外研究动态

国外在2015年基于"万物互联"的网络基础,通过大数据中心建设、深度学习技术、人工智能等技术的应用,使联网设备具有智能化特征,从而提出了"万物智能"的概念。美国思科公司在全球发布《万物互联价值指数调查白皮书》中明确指出:"万物互联就在当下,我们已经进入万物互联时代。"2020年,全球物联网设备达750亿台,万物互联带来的网络呈指数增长,信息数据量也出呈指数增长。人工智能已经成为学术界和企业界研究的热点和重点之一。

纵观国际上人工智能的发展,谷歌公司与美国航空航天局合作组建量子人工智能实验室,借助量子计算机进行机器学习方面的研究;美国微软公司于2015年发布了微软人工智能项目Adam最新技术;中国百度公司也启动了"百度大脑"的人工智能项目,其产品"小度"参加最强大脑节目,屡胜人类最强大脑。人工智能研究的加速发展、"万物互联"的指数增长,使人类社会迈向"万物智能"的速度越来越快。

在我国,顾嘉唯曾指出,在人工智能飞速正循环的今天,我们身边的设备正在不断学习你的使用习惯,潜移默化地预测你的需求,未来"万物智能"将呈现后台全场景感知计算无处不在,前端全自动智能服务联动推送的服务模式,最终实现环抱式的智能化场景。魏大威等人于2014年提出,随着外部信息环境进入万物互联时代,智能感知与全面互联,大数据传播与分享,快速技术跟踪与应用成为图书馆发展的新特点。构建图书馆新业态需要构建数字图书馆一体化网络,建设标准化图书馆业务系统,丰富图书馆服务内容,创新图书馆服务形式,营造图书馆良好氛围。①2016年,上海社科院信息研究所王世伟从融合发展影响图情事业的创新发展角度,提出了人类社会正形成全连接的"万物互联"和"万物智能"的世界这一观点,认为融合发展成为国内外的趋势,图情事业应当从数字图书馆趋向融合图书馆,以融合发展的理念创新图书馆的各类服务。图书馆发展要从以往的局部变革走向通体革命,局部创新迈向综合性、整体性、系统性、协调性、一体性、共同性、合作性、共享性的发展,为迎接融合化、互动化、可视化、泛在化和智能化的智慧图书馆发展的高级阶段做好思想、理论、技术、管理、人力等方面的准备。②

目前,我国图书馆建设处于数字图书馆到智慧图书馆的转型时期,传统的图书馆服务中存在着层次不够深、资源命中率不高、服务主动性不强等问题。数字图书馆需要借助新技术把所有信息资源关联起来实现"万物互联"。所以,只有利用大数据技术,深度学习技术对资源利用情况并对读者使用习惯进行分

---

① 魏大威.数字图书馆推广工程唯一标识符体系构建研究[J].图书馆,2014(3):102-104.
② 王世伟.融合图书馆初探[J].图书与情报,2016(1):54-61.

析，采用人机交互、人工智能技术，将图书馆各类服务界线打破，实现服务整体推送给用户，从而为读者提供全方位、人性化、多角度、智能化、个性化的融合服务，进而才能真正地实现图书馆服务融合体系的"万物智能"。

二、图书馆服务融合体系的研究意义

纵观当前"万物智能"趋势下图书馆服务方面的研究，都仅仅只是提出"万物智能"趋势下，图书馆需要进行融合发展，需要为读者提供准确、个性化、主动式的信息服务，未能充分探索出图书馆网络转型成一体化物联网的途径，也未能深入探讨图书馆各项服务融合成整体体系的过程。因此，在"万物智能"背景下对图书馆服务融合体系的研究，具有以下学术和实际应用两方面的意义。

一方面，在"万物智能"的环境下，从图书馆接入设备多样、信息数据异构、信息数据规模大、信息数据智能处理等特点出发，探索"万物智能"环境下图书馆服务融合机制，有助于构建科学、实用的图书馆服务融合体系。而此项研究成果亦可为"万物智能"环境下图书馆服务融合、图书馆异构数据整合、图书馆信息服务智能推送、图书馆一体化物联网建设提供理论与方法指导。

另一方面，"万物智能"环境下的图书馆服务融合，必须实现对读者行为随时随地、无处不在的感知；深度学习算法应用得到使用，使大数据平台具有智慧属性，实现前端设备全自动智能服务联动推送。让图书馆随时感知的基础是图书馆所有设备均具有感知、联网、数据传输功能，形成标准的图书馆一体化物联网模型；智能服务的基础是图书馆大数据平台和终端智能化。总结图书馆大数据深度学习方法的特征，从应用层面实现图书馆服务的有机融合，有助于图书馆在"万物智能"背景下创新服务形式，拓展服务空间，再造服务流程，为综合性、整体性、系统性、协调性、一体性、共同性、合作性、共享性的图书馆服务融合提供技术、理论保障，为融合化、互动化、可视化、泛在化和智能化的智慧图书馆发展的高级阶段提供重要驱动力量。

三、图书馆服务融合体系前瞻研究探索

在"万物智能"迅猛发展的趋势下，图书馆服务融合体系势必要应对潮流进行调整与改善。结合从"万物互联"到"万物智能"未来5年~10年将获得的三大发展：所有设备都有智能传感器、所有设备都有云端大脑、所有设备都从单一功能变成连接人与整个互联网的界面，以及图书馆服务融合体系的特点，笔者认为，关于该体系的研究可以从以下三方面进行深化和拓展。

"万物智能"环境下智能终端服务融合体系。在"万物智能"环境下，研究基于图书馆大数据中心的深度学习方法与人工智能，使图书馆的服务主动、智能地推送到读者使用的智能手机、智能PAD、智能书架、智能机器人甚至智能窗户等各类型智能终端上。各类型智能终端都将具有感知、通信与人机交互功能，通过融合系统将所有智能终端联动起来，为读者提供智能服务。例如，读者进入图书馆就会立刻被终端感知到，个性化服务会主动推送过来；在图书馆可以对着智能书架询问书在哪里；对着窗户问天气等等。这样的智能服务绝不是单单用手机打开一个APP完成一个操作而已，而是为读者建立一个整体的、个性化的无缝连接。

"万物智能"环境下图书馆异构数据整合标准研究。"万物智能"大背景下，图书馆各种智能硬件设备无时无刻不在碎片地获取读者的个人数据，数字资源系统在获取读者使用资源信息的同时，将用户的每一个行为，每一个单体数据都互通互联，每一条数据都汇总到图书馆大数据中心。在该环境下获取的数据

具有实时、量大、多样的特点，采用制定、提取关键字段的方法，并将所有数据按照读者个人信息进行分类、互联通信，构建基于个人信息的用户行为异构数据整合标准。

"万物智能"环境下图书馆一体化物联网标准模型构建。在"万物智能"的发展趋势中，图书馆正在逐步建立自己的物联网，越来越多的如可穿戴设备、智能传感器、智能手机、智能机器人、可视门禁、VR设备、智能书架等智能终端设备将接入图书馆物联网，形成一体化联动网络。由于智能终端设备的接入具有数量大、实时性强、互动要求高的特点，进而要求图书馆物联网具有强壮的网络通信能力、强大的可扩展能力以及与各种智能设备通信联动的标准模型，才能搭建智能终端与大数据中心之间标准化的高效互联互通桥梁。

对于"万物智能"，在国外研究的影响下，我国将其引入至图书馆的服务与工作之中，进行了一系列的研究和探索。而已有研究未能充分探索出图书馆网络转型成一体化物联网的途径，也未能深入探讨图书馆各项服务融合成整体体系的过程。因而，"万物智能"环境下图书馆服务融合体系的研究具有独到的学术意义和实际应用意义。而对此环境下的图书馆融合服务体系，通过结合其特点进行归纳与概括性的前瞻研究，希望能使图书馆服务体系更加完善。归根结底，图书馆的融合服务只有真正实现了以读者为中心，完善了个性化服务，才会真正地做到服务的有机融合。

参考文献

[1] 王世伟. 论智慧图书馆的三大特点 [J]. 中国图书馆学报，2012（6）：22-28.

[2] 谢芳. 论高校智慧图书馆的功能与构建 [J]. 图书馆学研究，2014（6）：15-20，11.

[3] 王亚. 图书馆环境艺术设计中人文关怀问题研究 [J]. 内蒙古科技与经济，2006（18）：190-192.

[4] 刘晓玲. 读者培训服务的精细化管理研究 [J]. 图书情报工作，2014（15）：111-115.

[5] 周有芬. 江苏省高校图书馆读者培训工作的现状调查与对策分析 [J]. 图书馆学刊，2007（5）：8-12.

[6] 费庶. 微时代高校数字图书馆知识服务的新态势 [J]. 大学图书情报学刊，2015（2）：89-93.

[7] 王方. 众创空间与高校图书馆服务的融合创新发展研究 [J]. 图书馆工作与研究，2016（4）：96-99.

[8] 侯艳，等. 信息生态系统视角下高校图书馆资源优化研究 [J]. 四川图书馆学报，2016（3）：13-16.

[9] 高平. "众创"背景下高校智慧图书馆构建策略 [J]. 农业网络信息，2017（12）：45-48.

[10] 陈玲.高校智慧图书馆信息资源体系构建[J].中华医学图书情报杂志，2017(7)：47-50.

[11] 马捷,赵天缘,王思.高校智慧图书馆功能结构模型构建[J].情报科学，2017(8)：56-61.

[12] 徐玲."智慧城市"背景下的高校智慧图书馆建设探究[J].人才资源开发，2016(22)：128-129.

[13] 于芳.信息生态视角下图书馆联盟协同创新模式研究[J].图书馆研究，2017(1)：39-44.

[14] 解金兰."互联网+"驱动的图书馆服务生态系统演进与发展策略研究[J].图书馆研究，2017(6)：80-85.

[15] 黎梅,郭广军.大数据背景下高校智慧图书馆建设路径研究[J].湖南文理学院学报(自然科学版)，2020，32(02)：34-39.

[16] 张玲."互联网+"环境下高校智慧图书馆的建设研究[J].信息技术与信息化，2020(04)：72-74.

[17] 阎静辉.分析"智慧城市"背景下的高校智慧图书馆建设[J].才智，2020(10)：227.

[18] 王君.智慧图书馆时代高校图书馆员职业能力建设策略研究[J].图书馆建设，2019(S1)：103-106+115.

[19] 孙丽滨.探究人工智能在智慧图书馆建设中的应用[J].江苏科技信息，2019，36(13)：20-22.

[20] 唐燕.高校图书馆采编业务外包环境因素及质量风险控制探析[J].经济研究导刊，2017(16)：180-181.

[21] 郭鹏.高校智慧图书馆采编管理模式的构建[J].卷宗，2016，6(6)：27-27.

[22] 付雪平. 高校图书馆管理中图书采编工作存在的问题及解决措施[J]. 管理学家，2012（24）：28-28.

[23] 张弘. 高校图书馆采编业务外包的风险控制与管理模式分析[J]. 湖北经济学院学报（人文社会科学版），2015，12（10）：105-106.